江苏第二师范学院／江苏省教育科学研究院学术著作出版资助项目

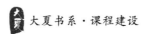

大夏书系·课程建设

课程的力量

——学校课程规划、设计与实施

▷ 万伟 著

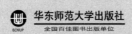

华东师范大学出版社

全国百佳图书出版单位

前　言

2001年新课程改革以来，没有哪一个术语像"课程"这个概念一样得到人们如此高度关注和热议。课程意识、课程能力、课程开发、课程领导力、课程规划与设计等等都是教育界热议的话题。但令人奇怪的是，另一个方面，在教育的实践领域，在每一个教师头脑中，最缺乏的仍是对课程的基本了解和认识。即使每天都在接触着跟课程密切相关的事实，却并不知道"课程"这个术语与自己的教育生活的关系。课程决策、课程资源、课程领导力这些新鲜的名词就像一堵墙，拦住了课程与我们的教育经验和生活的联系。

大约是从2007年开始，我隐约感觉到学校的课程意识开始逐渐苏醒，当前，课程开发更是以锐不可当的态势，成为基础教育领域中最核心的关注点。但是学校在课程的开发和建设中，大多比较盲目，对于课程的理论几乎一无所知。总有一线的学校和老师让我给他们推荐一些关于课程的经典书目。但是我发现市场上的课程书籍要么就是国外课程理论的译著，离学校实践相对比较遥远；要么就是学校课程开发的经验总结汇编，缺乏理性的反思提升与理论的高度。

教育其实一直有两套不同的话语方式：一是书斋式的所谓理论话语，二是教育现场的实践话语。两套话语体系间存在着很深的隔膜。16年前，我在懵懂中误打误撞，选择了"课程与教学论专业"作为自己的研究生方向，在专业学习过程中，我花费了很长的时间，让自己运用第一套话语来写作。13年前，我有幸来到江苏省中小学教学研究室，专门从事课程与教学研究工作。在实践的磨砺与摸爬滚打中，我的话语方式在不断发生变化。在指导学校的课程建设中，在带领教师团队亲自开发中小学系列综合实践活动课程的过程中，我对那些曾经让我感觉冷冰冰的、没有生命力的课程理论有了新的认识，我发现如果结合具体的实践，这些理论是如此温润和富有生命力。

从2014年开始，在作了很多次面向一线学校、教师的关于课程的专题讲座之后，我深深感觉到学校、教师对课程理论的渴求，对课程实践的迷茫，于是萌生了尝试用一种"中间"的话语方式，游走于"理论"和"实践"之间，既有理论的色彩，又有实践的温度，写一本一线的校长、老师能够看得懂、能够看得进去的课程书籍。

2016 年，这本书终于成稿。本书首先阐述了课程概念的发展、课程的意义价值，也用简要的文笔，结合当下的课程情境，梳理了经典课程理论的百年历史发展与来龙去脉，分析了学校课程规划设计的主要影响因素、意义价值，并结合大量生动鲜活的案例阐述了学校课程开发的行动框架与技术策略。本书还论述了综合实践活动课程的内容开发与实施评价，对大家比较关注的课程统整，教师的课程意识与能力，学校课程制度的生成，国内外鲜活灵动的课程实践，学校课程开发的误区、问题与发展走势等问题进行了简要的阐述。

这本书没有严谨的学术逻辑，也不完全是实践逻辑，大部分内容来自我多年讲座内容的积累。我尝试用个性化的风格为一线的校长和老师呈现一幅关于"课程理论与实践的全景图"，但由于"眼高手低"，水平有限，"理想"与"现实"存在很大的差距，逻辑上有点跳跃与断层，还有很多的缺憾与不足，期待您的真诚对话与批评。

目 录

第四章　综合实践活动课程：学校教育文化的风向标

第五章　课程统整：超越学科中心

第六章　教师的课程意识与能力

第七章　学校课程制度的生成

第八章　国内外鲜活灵动的课程实践

第九章　课程开发的误区、问题与发展走势

/ 第一章 /

课程的力量：创造可能的未来

找到孩子可以伟大的地方，让他在通往伟大的道路上行走，在发现自己的同时发现世界。（李希贵）

课程概念的发展和变迁

　　"课程"一词在我国始见于唐宋期间。唐朝孔颖达为《诗经·小雅·小弁》中"奕奕寝庙，君子作之"句作疏："维护课程，必君子监之，乃依法制。"但这里课程的含义与我们今天所用之意相去甚远。宋代朱熹在《朱子全书·论学》中多次提及课程，如"宽着期限，紧着课程"，"小立课程，大作工夫"等。虽然他对这里的"课程"没有明确界定，但含义是很清楚的，即指功课及其进程。这里的"课程"仅仅指学习内容的安排次序和规定，没有涉及教学方面的要求，因此称为"学程"更为准确。到了近代，由于班级授课制的施行，赫尔巴特学派"五段教学法"的引入，人们开始关注教学的程序及设计，于是课程的含义从"学程"变成了"教程"。新中国成立以后，80年代中期以前，由于受凯洛夫教育学的影响，"课程"一词很少出现。

　　在英语中，"课程"（curriculum）一词最早出现在英国教育家斯宾塞《什么知识最有价值？》（1859）一文中。它是从拉丁语"currere"一词派生出来的，意为"跑道"（race-course）。根据这个词源，最常见的课程定义是"学习的进程"（course of study），简称"学程"。这一解释在各种英文词典中很普遍，英国牛津词典、美国韦伯词典、国际教育词典都是这样解释的。

　　目前，关于课程的定义有很多，据说有一百多种，但是最有代表性的主要有三种：一是课程是学科知识的总和，这是人们最熟悉的一种课程定义，教师们往往认为课程表上的内容就是课程。二是课程是一种计划或学习方案，持这种观点的代表人物有美国的塔巴、麦克唐纳、威尔逊，英国的坦纳等学者。他们认为，传统上把课程仅仅限于学校设置的科目表和具体科目的学程，过于狭窄了，因为课程是学校根据一定的教育目标而提出的，并指望为学生所接受的一种人为的设想，它包括学校设想的预期结果、教学内容和学习活动。但他们同时也不赞同把课程解释为"有计划的经验"，认为这种定义过于广泛，对完成学校要求的教学任务毫无帮助。因此，他们主张把"学习方案"作为课程这一术语的同义词，把课程当作学生受教育的计划。第三种观点认为课程是经验。代表人物有多尔、派纳等。他们给课程下定义所使用的关键用语是"经验"二字，而最初使用这一用语的是杜威。他们继承了杜威的观点，认为只有让学生亲自从事活动，才可能从中学到以前没有学过的东西，才能获得经验，才能认识和预见到学习对其现在和未来的行动所产生的后果。他们进而得出结论：课程作为教育蓝图，最终由学生在学校领导下所应该获得的经验组成。这是由于学校的建立是为了让青年一代朝着某一特定的方向发展。而发展则要通过学习者所获得的经验去实现，因此课程应该是"在学校指导下，学生所经历的全部经验"。

值得注意的是，以上课程的三种定义并非出现在同一个时期，而是随社会的发展而不断变化的。第一种概念，课程是学科的总和，课程是一种知识，反映了当时的社会对知识的推崇，知识是高于人的；第二种概念，课程是一种目标下的计划，强调的是成人对学生未来发展的一种规划和设想，这时候，知识的地位开始有所下降，人们开始关注到人的作用，但主要还是强调成人的想法居多；第三种概念强调学生的参与、活动和经验，这时课程的核心关注点已经落到学生的身上。所以，课程概念的发展背后，体现出随着社会发展和变迁，人们的知识观、价值观乃至整个教育文化的一种变迁。

总的来说，课程的内涵发展呈现以下几种趋势：（1）从强调学科内容到强调学习者的经验和体验；（2）从强调目标、计划到强调过程本身的价值；（3）从强调教材这一单一的因素转向强调教师、学生、教材、环境四因素的整合；（4）从只强调显性课程到强调显性课程与隐性课程并重；（5）从强调"实际课程"到强调"实际课程"与"空无课程"并重；（6）从只强调学校课程到强调学校课程与校外课程的整合。

随着课程定义的逐步发展，课程的内涵实际上是越来越宽泛了，课程不仅仅是知识，还包括各种情感体验；课程不仅仅是一种有计划的教育方案，无计划、无意识地对学生产生了实际影响的经验也是课程。在当下的教育实践中，以上三种课程的定义其实是同时存在的，也因此，造成了我们对课程概念理解的混乱。对于"课程即经验"这样一种宽泛的课程定义，很多专家学者都予以批判，认为这样的倾向会使得学校把课程当作一个"筐"，什么都往里装。的确，过于宽泛的课程定义不利于学校规范、系统地设计和开发课程，但这样的定义也从另一方面提醒我们，要持有一种整体的、敬畏的育人意识。教育当中的任何影响、任何事件都可能成为影响学生人生发展的关键课程，所以我们要谨慎对待教育中的一言、一行、一举、一动，因为时时有课程、处处有课程。

今日的课程改变明日的世界

我们从来没有像现在这样重视课程，知识爆炸、社会发展速度加快，包括课程管理体制的松动，都是我们注重课程的原因。尽管在过去的50年里，知识的变化远远超过了前500年里发生的变化，但现在我们所使用的教材却几乎没有多少现代的内容。单一的课程在未来很难再为大家所接受，那么在未来的课程体系中，究竟应该体现谁的价值？在海量的知识中，到底什么知识最有价值？人的生命是有限的，怎样让学生在有限的时间里，学到更多有价值的知识？这些都是学校课程设计需要考虑的问题。

面对着瞬息万变的社会发展，我们的困惑是：什么知识能够联通过去、现在和未来？什么样的课程最适应学习者用以应对21世纪的挑战？当然，没有人能够给出准确的答案，因为未来怎样并不可知。很多时候，正是我们对未来的焦虑和无知，使得孩子们为了一个并不可知的未来牺牲了现在的美好生活。

课程是一种机会，今日的一门偶然的课程，会为你的未来带来无法预计的未知可能。2005年6月12日，苹果前CEO乔布斯在斯坦福大学的毕业典礼上进行了演讲，他讲了三个故事，其中一个故事回顾了他的成长经历：

我在里德学院（Reed College）待了六个月就办休学了。到我退学前，一共休学了十八个月。那么，我为什么休学？

这得从我出生前讲起。我的亲生母亲当时是个研究生，年轻未婚妈妈，她决定让别人收养我。她强烈觉得应该让大学毕业的人收养我，所以我出生时，她就准备让我被一对律师夫妇收养。但是这对夫妻到了最后一刻反悔了，他们想收养女孩。所以等待收养名单上的一对夫妻——我的养父母，在一天半夜里接到一通电话，问他们："有一名意外出生的男孩，你们要认养他吗?"而他们的回答是"当然要"。后来,我的生母发现,我现在的妈妈并非大学毕业,我现在的爸爸则连高中都没毕业。她拒绝在认养文件上签字。直到几个月后,我的养父母保证将来一定会让我上大学,她的态度才软化。

十七年后,我上大学了。但是当时我无知地选了一所学费几乎跟斯坦福一样贵的大学,我那工人阶级的父母将所有积蓄都花在我的学费上。六个月后,我看不出念这个书的价值何在。那时候,我不知道这辈子要干什么,也不知道念大学能对我有什么帮助,只知道我为了念这个书,花光了我父母这辈子的所有积蓄,所以我决定休学,相信船到桥头自然直。

当时看来这个决定相当可怕,可是现在看来,那是我这辈子作过的最好的决定之一。

当我休学之后,我再也不用上我没兴趣的必修课,把时间拿去听那些我有兴趣的课。

这一点也不浪漫。我没有宿舍,所以我睡在友人家里的地板上,靠着回收可乐空罐的退费五分钱买吃的,每个星期天晚上得走七英里的路绕过大半个镇去印度教的 Hare Krishna 神庙吃顿好饭,我喜欢 Hare Krishna 神庙的饭。

就这样追随我的好奇与直觉,大部分我所投入过的事务,后来看来都成了无比珍贵的经历。

举个例来说。当时里德学院有着大概是全国最好的书写教育。校园内的每一张海报上,每个抽屉的标签上,都是美丽的手写字。因为我休学了,可以不照正常选课程序来,所以我跑去上书写课。我学了 serif 与 sanserif 字体,学到在不同字母组合间变更字间距,学到活字印刷伟大的地方。书写的美好、历史感与艺术感是科学所无法掌握的,我觉得这很迷人。

我没预期过学这些东西能在我生活中起些什么实际作用,不过十年后,当我在设计第一台麦金塔时,我想起了当时所学的东西,所以把这些东西都设计进了麦金塔里,这是第一台能印刷出漂亮东西的计算机。

如果我没沉溺于那样一门课里,麦金塔可能就不会有多重字体跟等比例间距字体了。后来 Windows 抄袭了麦金塔的使用方式。如果当年我没有休学,没有去上那门书写课,大概所有的个人计算机都不会有这些东西,印不出现在我们看到的漂亮的字来了。当然,当我还在大学里时,不可能把这些点点滴滴预先串连在一起,但在十年后的今天去回顾,一切就显得非常清楚。

我再说一次，你无法预先把点点滴滴串连起来；只有在未来回顾时，你才会明白那些点点滴滴是如何串在一起的。所以你得相信，眼前你经历的种种，将来多少会联结在一起。你得信任某个东西，直觉也好，命运也好，生命也好，或者因果报应。这种做法从来没让我失望，我的人生因此变得完全不同。

偶然的一门课程，在未来的某个时候，改变了乔布斯的整个人生，也重新定义了一个行业，从而改变了我们整个时代，由此，我们可以感受到课程的力量。今天课程是孩子们学习的跑道，未来却有可能成为串联他们点点滴滴人生轨迹的那条线，课程与我们的人生充满了"剪不断，理还乱"的联系，这种联系只有当我们回首过往的时候，才能隐隐约约地在其中发现端倪。

近代中国落后有很多复杂的因素，但其中之一就是对科学技术的忽视，在教育上的表现就是学生只注重学习四书五经这些人文类知识，而忽视科学技术类课程。所以，中国教育的追赶很大程度上就是一种课程的追赶。在当前的时代背景下，中国的教育仍然与发达国家存在差距，其中课程内容的差距仍然是重要的原因之一。为什么中国的学生普遍缺乏创新意识与能力？为什么中国的学生实践动手能力差、合作意识缺乏？这些突出的问题与我们的课程有关。

课程是跑道，是人生发展的轨迹；课程是一条教育之路，它引领学生走向一种特别构想的美好生活，是通往美好生活的教育旅程的计划。课程也是塑造学生心智模式的重要工具，有什么样的课程，就会有什么样的思维方式和行为方式。文科的学生、理科的学生，东方人、西方人，为什么思维模式、行为方式会有不同？因为他们有不同的课程经历。来自不同家庭的孩子会有不同的特点，是因为他们有不同的经验积累。中国的课程体系决定了中国人的心智模式——注重模仿、忠实执行，不善于创造和突破。

课程的概念越来越泛化，其实也预示着我们的思维方式已经慢慢地从割裂开始走向整体，从简单走向复杂，从清晰走向弥散，因为现实生活就是整体的、复杂的、弥散而没有明确边界的。今天的课程内容与结构，往往就决定了未来学生的素养知识结构，今天的课程格局，往往决定了未来世界的发展格局。课程是一种不可小觑的力量。

课程：唤起学生沉睡的潜能

　　古希腊诗人欧里庇得斯 25 个世纪前的格言现在比任何时候都更加现实："期待之事没有实现，神灵打开通往意外之事的大门。"面对未来，我们唯一能确定的就是未来的不确定性，或者未来的名字就叫作"不确定性"。其实，现在每一位家长基本都是盲目的课程设计者，从孩子出生开始，有的孩子尚未出世，家长就开始为他们策划好了"学习的跑道"，不能输在起跑线上，家长和家长之间进行着课程的攀比和赛跑。由于对未来的不可知，每一个人都充满了焦虑和担忧。

　　学校的课程大都是整齐划一的，学校的评价标准是以成绩论成败，学习的佼佼者总是稀有的，成群的孩子都拥挤在同一条狭窄的跑道中，总有大部分孩子被甩在跑道的后面。大多数学生在学校都是学习失败者的角色，充当着各种升学率、优秀率中的分母。家长们都不甘心就此罢休，如何在千军万马的厮杀中独树一帜？如何在未来竞争激烈的社会中寻求容身之地？掌握一技之长成为了人们把握未来的筹码和救命稻草，虽然不知道这些筹码和救命稻草是否真的管用。

　　雅斯贝尔斯说："教育是指向人的，而人绝不明白他是什么。没有一个人知道自己是什么和自己能干什么，他必须去尝试。教育只能根据人的天分和可能性来促使人的发展，教育不能改变人生而具有的本质。但是，没有一个人能认识到自己天分中沉睡的可能性，因此，需要教育来唤醒人所未能意识到的一切。每一种教育的作用也并非事先所预料的，教育总是具有无人事先能想到的作用。"[1] 英国哲学家怀特海认为，学生是有血有肉的人，教育的

---

[1] ［德］雅斯贝尔斯. 什么是教育［M］. 邹进，译. 北京：生活·读书·新知三联书店，1991：64.

目的是激发和引导他们的自我发展之路。①他们都认为，每一个人都有自己的天性和潜能，教育的关键作用就是引导学生发现和认识自己的潜能，从而使自己得到适合自己的发展。

学生都是千差万别的，如何发现他身上"沉睡的可能性"？每一个孩子都有巨大的潜能，但这些潜能的挖掘需要相关外部条件的激发。课程就是这样一块有可能激发孩子潜能的试金石。孩子的特长很多时候是在对种种课程尝试失败的基础上，被筛选和保留下来的。课程的投资往往是一个"广种薄收"的过程。

反观当前的社会发展，兴趣班成为了一种特有的社会现象，这一现象也反映了当前学校教育中单一的课程没有办法提供给孩子发现自己各种积极可能性的机会，家长们只能通过金钱购买自己需要的课程机会。家长把孩子未来的希望寄托在兴趣班所提供的课程上，他们憧憬着不一样的课程也许能够给孩子提供不一样的学习和人生的跑道。于是不管刮风下雨，不管砸锅卖铁，家长们风里来雨里去，孩子们被剥夺了休息的时间，奔波于各种补习班、兴趣班之间。我们在批评家长的这些做法时，却没有看到家长们想争取更多的、更为丰富的学生发展的可能性的需求，而这些是当前我们的学校教育所无法给予的。

课程是通往美好生活的教育旅程，家长们对孩子的未来生活有很多构想，除了参与社会竞争之外，还有对孩子未来理想生活状态的期待。我们这一代，有特长的人不多，业余生活枯燥单调，休闲娱乐方式单一，卡拉 OK、打牌几乎成了主要的娱乐方式。于是乎，我们希望我们的孩子，能够过跟我们不一样的生活，能够过上更加健康、丰富、多彩、高雅、有情趣的生活，能够琴棋书画样样精通。

课程本身也给孩子提供了不一样的现实生活。现在的孩子大多是独生子女，再加上随着社会发展的"城市化进程"，孩子每天面对的就是高楼林立、车水马龙，他们的生活环境与几十年前我们的生活环境相比有了很大的变化。因为安全等因素的影响，大多数孩子不得不被关在家里，他们大多深知无聊和孤独的滋味，他们渴望交往，渴望朋友，渴望热闹。这些兴趣班正给他们提供了交流交往的机会。加上这些兴趣班出于对利润的追求，

---

①［英］怀特海.教育的目的［M］.庄莲平，王立中，译.上海：文汇出版社，2012：1.

会在最大程度上吸引学生，鼓励学生，为他们创造成功的体验和自我表现的机会，这些体验和机会往往是我们的学校所吝啬赐予孩子的。有个妈妈说："我之所以给我女儿报故事班，是因为她特别喜欢讲故事，特别喜欢站在教室前面表演，可是，在学校，老师根本不会给她这种机会。"

对于报兴趣班，很多的人都报以批判和负面的评价，认为剥夺了孩子的兴趣和自由，其实，并不尽然。"兴趣班现象"是我们这个时代一个突出的社会现象，这个社会现象反映了家长对教育的期待，反映了学校教育的不足，也反映了"课程"在这个发展时代的被重视程度。

一项来自国外的全球工作监察调查显示，84% 的中国人觉得自己被大材小用了。[①] 也许，这个调查的科学性有待商榷，但是这个结果还是基本在我们的意料之中。在整齐划一的课程体系中，我们身边有很多人一辈子都不知道自己的潜能到底是什么。英国著名的演说家肯·罗宾逊在《展开学习革命》的演讲中说："人的潜能犹如矿产资源，埋得很深。"

北京十一学校校长李希贵曾经介绍了这样一位学生的案例。2013 届的学生黄婧怡，本来是北京十一学校的一名成绩优秀、性格偏内向的学生，因为选修了戏剧课《雷雨》并在其中扮演了繁漪这一角色，她对自己有了全新的认识，一向认为自己缺乏艺术细胞的她这样感慨："我的灵魂是属于舞台的，或许我一直都把它藏起来了，我的血液里还是窜动着那样的因子，让我觉得已经依赖上了舞台上的那种感觉。这已经不是一门选修课，或许是一场命中注定的经历。尽管那段独白没有镁光灯的陪伴，但我也知道了，有那样一个灵魂，是为镁光灯而存在的。"

这样一门课程不知道会为这个孩子带来什么样的结果，但是在课程中，孩子对自己的全新认识，孩子对自己的欣赏，孩子的自信，都是一种无法预料的能量。也许，在这个孩子未来的人生道路中，这门课程为她的发展打开了一扇可能之门，也许会在未来的某个时候，影响她一生的发展。课程的力量，对于孩子潜能的激发，是无法小觑的。

---

① 你被"大材小用"了吗？［N］.人民日报，2013-03-15.

课程与教学的相互粘连

关于课程与教学的关系，一般有三种观点：（1）大课程观。强调课程的重要性，认为课程是教育的核心所在，教学就是课程的实施过程。教育的内涵包括课程目标、课程结构、课程实施、课程评价。比如《基础教育课程改革纲要（试行）》中的主体结构包括：①课程改革的目标；②课程结构；③课程标准；④教学过程；⑤教材开发与管理；⑥课程评价；⑦课程管理；⑧教师的培养和培训；⑨课程改革的组织和实施。九个部分中有六大方面都是从课程的角度阐述的，这一文件就是持的大课程观。（2）大教学观。老一辈的教育学者和老教师，在课程不变的情况下，特别强调教学的重要性、教学的精彩纷呈，他们深知教师的教学水平是决定教育质量的关键因素，强调人的主观能动性，人的重要性。（3）课程与教学是不可分割的两面。认为我们对课程与教学的理解并不矛盾，也就是既强调教什么，又强调怎么教，两样都很重要。关键是我们对教什么和怎么教的关系的理解。教什么和怎么教是不可截然分割的。你教什么往往决定了你怎么教，如果你单纯教知识，那么接受式教学比较适合，如果你想教方法和能力，想教态度和兴趣，那么单纯灌输式教学是很难奏效的。课程的呈现方式也暗含了教学的方式，课程编制者在编制的过程中，不仅要想着怎么把知识串联起来，还要想着学生怎样学习这些知识。不同的教学方式其实也是建立在不同的课程内容及课程内容的组织方式上的。

其实之所以大家对课程与教学的关系有三种不同的观点，是由对课程概念认识的不同所引发的。当我们认为课程就是我们学到的学科的总和的时候，课程就是教学的内容。当我们认为课程是经验的时候，课程与教学就是不可分割的，因为教师的教学，给学生带来了各种不同的体验和经验，这本身就是课程。

课程和教学之间是相互决定的关系。当你准备运用某种教学方式的时候，你所要带给学生的课程就被决定了；当你准备带给学生某种课程时，你的教学方式也被决定了。

有一位小学数学特级教师，讲了这样一个故事：

他的同事的孩子在美国读小学四年级，假期回国，在办公室里玩耍。早就听说美国的数学教育要比国内难度低很多，他就想测验一下孩子的数学水平。他出了一道题：6×9=？这道题，国内的小学二年级的孩子都能对答如流，因为乘法口诀已经背得滚瓜烂熟。但是这个孩子看到题目后，思考了一会儿，说："我知道怎么做，给我一点时间。"只见他在纸上画了六个点，又画六个点，密密麻麻画了九排，最后终于给出了"54"的答案。

很多人听了这个故事，或许会嘲笑美国的数学教育水平比中国低了这么多，也有人会得出这样的结论："美国教育中知识给予的方式与我们不一样，我们是直接给予，而他们是给予方法，让孩子通过方法的运用自己去寻求知识。"其实，当你给予的方法不同的时候，你所给予的东西也是不同的。当你要教给孩子纯粹的知识的时候，直接讲授是最好的方法；当你想要教给孩子能力与方法的时候，直接讲授是无法达成目的的。所以说，课程与教学是不可分割的两面。

一位教育者在回忆自己就读大学本科时遇到的两位杰出的教师时说，他们所用的方法截然不同。其中一位教社会科学研究方法，她一开始就布置大量的阅读材料，当我们首次围着桌子坐下时，她问道："有什么评论和问题吗？"我们显得十分茫然，都沉默不语。她有足够的勇气等下去。时间一分一秒地过去，她带着和蔼的面容扫视着桌子周围，无人作声。又过了很长一段时间，仍然没有人发言。她站了起来，收拾好她的书，一边向门口走去一边说："下课。"这一情形在第二次课上基本上重复了一遍。我们第三次相遇时，我们的中学学术智能测验分被带来了。我们开始认识到，如果我们没法适应这门课程，我们付了那么多钱得来的教育资源就要被浪费掉了。所以我们开始阅读材料、作评论、提问题；而我们的老师则证明她果真是一位才华横溢的对话者、合作研究者和可靠的向导。我的另一位良师教社会思想史。他不知道沉默的意思，也不善于交往，他总是不停地演讲，而我们则一排排地坐在那儿记笔记。他对他的材料是如此投入，以至于常常对我们的问题表示出不耐烦的样子。他讲课时的激情不但是为了他的学科，也是为了让我们了解他的学科，他以一种发自内心深处的方式为我们演讲。①

这两位教师在风格上截然不同，如果用新课程的理论来评判，可能都不符合标准吧。但是，他们都是以真正的自我来进行教学的。如果他们都被迫使用当前流行的一套方法的话，那么他们的个性就被埋没了，在学生的记忆中也不会有如此深远的意义吧。

好的教学源自教师的个性和整体性。在这种个性和整体性中，课程和教学紧紧粘连在一起，无法分割。

20 以内的加减法是一年级重要的数学学习内容。儿子在上幼儿园的时候，他已经知道运用扳手指的方法来计算加法和减法，说明他已经基本了解了加法和减法的意义。上了小学后，老师每天会布置 20 道计算题，要求孩子先报得数，后计算。孩子必须用非常响亮的声音一口气口算 20 道题目，连续做 5 次，家长在旁边用秒表计时，在 5 次计算中找时间最快的一次，记录在口算本上，然后签名："已读五次，最快 ×× 秒。"每当看着儿子唾沫直飞，涨红了小脸，点着他的小脑袋在报这些口算题目答案的时候，我都会觉得既好笑，又可怜。这样的训练能够使得孩子不用思考，就迅速报出答案，使得计算成为了一个全自动的过程，这会使孩子在考试中表现优异，可是他们会不会忘记了加减乘除本身的意义和过程，会不会因此忘记了数学本身的乐趣与意义？这样的教学方式，带给孩子的是什么样的体验和记忆？

英国前首相卡梅伦在参加节目时，被问到 8 乘以 9 等于多少时，回应称，他只有在车里送孩子们上学的时候，才会和他们一起进行乘法计算，他将坚持这一点，以防在节目中出错。这则消息引起了大家的热议，也值得我们反思。基础知识、基本技能一直被我们认为是课程内容中的基石，我们一度认为孩子离开这些基础知识、基本技能是根本无法在社会上生存的。但是在新的时代发展背景下，那些在课程领域中曾经稳如磐石的内容似乎开始得到颠覆，我们一度认为知识就是力量，可是信息化时代使得知识到处泛滥，知识成为了一种压迫，到底什么样的知识才是有价值的？学校课程内容中那些被我们视作"经典"的知识是否能够经受时代的考验，是值得商榷的问题。

---

① ［美］帕克·帕尔默.教学勇气——漫步教师心灵［M］.吴国珍，等译.上海：华东师范大学出版社，2005：136.

教师为什么难以改变灌输式的教学方式？有时并不是因为教师不愿意改，有一个重要的原因是教师本身的知识结构过于陈旧。当初他们学习知识的时候，就是被灌输的，所以他们对每一个知识的获得都停留在浅层次的识记、背诵层面，他们不知道这些知识是怎么来的，也不知道这些知识与生活到底有什么样的联系，所以他们只能同样以灌输的方式将自己头脑中的知识搬运到学生的头脑中。怀特海说：没有用的知识是有害的，不能够让知识僵化，而要让它生动活泼起来——这是所有教育的核心问题。要让知识生动活泼起来，教师首先要将这些知识内化、活化，教师要想改变自己的教学方式，首先要改变自己的学习方式，用探究的方式去重新习得知识，还原这些知识被发现的过程，才有可能以生动活泼的形式，向学生呈现这些知识，从而引导学生以多样化的方式投入到学习之中。

七大课程经典理论

课程有一个悠久的过去，但只有短暂的历史，作为一个独立的研究领域从教育中分离开来还是 20 世纪初的事情。比较经典的七大课程理论为：

一、博比特、查特斯的活动分析法

1918 年，美国著名教育学者博比特出版《课程》，1923 年查特斯出版《课程编制》，标志着课程研究成为了独立的研究领域。博比特在课程开发上，提出了著名的"活动分析法"：

第一步：从社会生活中发现人类事务包含的主要领域。通过人类活动分析，博比特发现了十大人类活动领域：语言活动、健康活动、公民活动、一般社交活动、休闲娱乐活动、维持个人心理健康的活动、宗教活动、亲子活动、非职业性的实际活动、个人的职业活动。

第二步：工作分析。进一步分析主要活动领域内部所包含的具体活动。首先将各领域包含的几个大活动单位找出来，其次将大的活动单位再分解成较小的活动单位。这种向下的分解一直继续，直到发现受教育者可以履行的特殊活动行为为止。

第三步：推导目标。目标是对进行各种具体活动所需要的能力的陈述，这些能力是由知识、技能、习惯、价值、态度、鉴赏力等多种成分构成的。

第四步：选择目标。从上述步骤中得出与学校教育相关的而且能达成的目标，以此作为课程计划的基础和行动方针。

第五步：制订详细计划，即要设计为达成目标而提供的各种活动、经验和机会。[①]

二、课程之父拉尔夫·泰勒与泰勒原理

拉尔夫·泰勒于 1934 年、1949 年先后出版了《成绩测验的编制》《课程与教学的基本原理》，泰勒的评价原理和课程基本原理被统称为泰勒原理。《课程与教学的基本原理》被称为现代课程理论的圣经。

泰勒原理主要包括四个经典问题：学校应该试图达到什么样的教育目标？提供什么样的教育经验最有可能达成这些目标？怎样有效组织这些教育经验？我们如何确定这些目标正在得以实现？这四个问题虽然简洁，却为我们提供了一个历经多年不衰的课程研究的主导范式。

泰勒模式强调了课程开发作为一个整体的系统工程，其各个构成环节之间内在的顺序性，并强调了课程实施、课程内容、课程评价与课程目标之间的相互作用和一致性。泰勒原理最大的优点就是思维的清晰和行动的易操作性。四个看似平淡无奇的问题，却是课程设计开发中无论如何也不可能摆脱的重大问题。没有哪一所学校的课程开发能够绕过泰勒原理，目前，泰勒原理仍然是我们课程开发的基本规范与程序。

三、布鲁纳的结构主义课程观

"二战"结束，美苏争霸。1957 年苏联第一颗人造卫星的成功发射，让美国人深感危机。1959 年美国全国科学院在伍兹霍尔召开会议，布鲁纳担任大会主席，他根据大会讨论的结果，提出结构主义的教育思想，并由此推动结构主义课程改革运动。

布鲁纳 1960 年版的《教育过程》一书被西方教育界称为"划时代的著作"。布鲁纳的结构主义课程观主要有以下几个观点：

1. 学科基本结构观

每个知识性的学科都有一个结构，这个结构提供了有关事物的潜在的简约性。要辨析清楚知识中的最简单结构，需要的是最深刻的思维。他说：我

[①] ［美］麦克尼尔. 课程导论［M］. 施良方，等译. 沈阳：辽宁教育出版社，1990：417.

们的教学，不论选教什么学科，务必使学生理解该学科的基本结构。[①]布鲁纳提到的基本结构就是学科的基本概念和内在的规律性。掌握结构可以使学科更容易被理解，有助于记忆，有助于迁移，缩小高级知识和初级知识之间的差距。[②]

2. 螺旋式课程观

任何学科都能够有效地教给任何发展阶段的任何儿童。[③]教育者呈现给儿童的任何教材的基本结构应适合儿童成长的规律，体现知识的层次性和连贯性。

3. 内在动机观

内在动机是一种不依赖外在报偿便能促成某种行动的东西。布鲁纳强调教学活动中要使学生避免受到外在奖赏的直接控制，外部强化要适当，并促使外部强化向内部强化转变，使学生养成主动、自发学习的态度。

4. 发现学习观

布鲁纳认为，发现学习是获得知识的最佳方法，发现学习有助于开发学习者的潜力，促进人的直觉思维的发展，有助于引起学习的内部动机和自信心，有助于记忆的保持。只有亲自发现的知识才是真正属于个人的，才是自己的内在财富。

四、施瓦布的实践性课程观

约瑟夫·施瓦布是美国著名课程论专家和生物学家，也是结构主义课程改革运动的"第二号旗手"。这次改革最终没有取得预期的效果，施瓦布陷入了深深的反思。他认为，过去的课程改革和研究过分注重理论和学科专家的作用，忽略了教师和学生的参与以及每所学校的具体情况和需要。他出版了四部主要著作——《实践：课程的语言》《实践2：折中的艺术》《实践3：课程的转化》《实践4：课程教授要做的事情》，系统阐述了实践性课程观。

---

① [美] 布鲁纳.教育过程 [M].邵瑞珍，译.北京：文化教育出版社，1982：27.
② 张楚廷.结构主义课程观 [J].江西教育：管理版，2008（11）：40-40.
③ [美] 布鲁纳.教育过程 [M].邵瑞珍，译.北京：文化教育出版社，1982：6.

（1）课程研究应当立足于具体的课程实践状况，从课程实践的各种事实出发，而不是从普遍、科学的课程原理出发。

（2）把课程看作一个相互作用、有机的"生态系统"，注重手段、过程的相互作用。

（3）强调了教师和学生的主体作用，认为教师是课程的主要设计者，学生有权选择课程，并向老师进行质疑。

（4）提出了课程开发的一种新的运作方式——集体审议。所谓集体审议，是指在特定情境中通过对问题情境的反复权衡而达成一致意见。集体审议的主体是"课程集体"，以学校为基础，由校长、教师、学生、社区代表、课程专家、心理学专家和社会学家等人员组成。

（5）提出了实践模式的方法论——行动研究。在行动研究中，实践者等于研究者，实践过程等于研究过程，课程实践等于课程研究，而且非常注重行动研究中的反思。

（6）将课程的研究下移到"校本课程"的研究与开发，改变了课程只由专家开发的思想，突出了学校、教师、学生等人员在开发课程中的地位。

（7）实践的艺术。实践艺术就是运用理论的艺术，包括修正、调整理论，使抽象理论与实践情境相结合。

（8）折中的艺术。在解决特定实践问题时，没有一种理论能解决这一学科领域的所有问题，我们需要使两种或两种以上的理论相互磨合或适应，必要时还要创造解决实际情境问题的新方法。

五、斯滕豪斯与"过程模式"课程理论

劳伦斯·斯滕豪斯是英国著名的课程理论家，他在 1975 年出版的代表作《课程研究与编制导论》中，提出了著名的课程规划"过程模式"。

"过程模式"是针对泰勒的"目标模式"而提出的，在他看来，编制课程不是为了生产出一套"计划""处方"，然后予以实施和评价效果，课程的研究和开发应该是一个动态的、持续发展的过程。斯滕豪斯认为，知识不是需要学生接受的现成的东西，而是要学生思考的对象；它不能被作为必须达成的目标来束缚人，教育是要通过促使人思考知识来解放人，使人变得更自由。"过程模式"的运用需要一个重要的前提条件：教师即研究者。没有教

师的发展就没有课程编制。

斯滕豪斯对"过程模式"的构建比他对"目标模式"的批判要逊色得多。他对"过程模式"的论述还停留在个人经验的基础上。尽管他提出了很好的课程编制的思想，但由于没有具体说明行动方式，在实际的教育实践中，我们发现"教师即研究者"是一个很难实现的理想。

六、派纳与概念重建主义课程观 ①

20 世纪 50 年代末，"泰勒原理"逐渐式微，取而代之的是众多不同的课程新话语。"现象—诠释学"课程理论便是其中之一。该理论的代表人物之一派纳的巨著《理解课程》被誉为当代课程理论的"圣经"。

派纳对传统的"知识课程观"进行了彻底的改造，将"课程"（curriculum）一词回复到该词的拉丁文词根"currere"上来。从词源学上来讲，作为名词的"curriculum"原始意义是"跑道"（race course）。在这里，课程是静态的、预设的。但是作为动词的"currere"（跑）却有着截然不同的内涵。它关注跑的动态过程与奔跑时主体产生的体验。

派纳认为，当今课程的弊端在于对自我意识的压抑和对个性的扭曲，概念重建后的课程要促使个体对生活体验进行反思与解释，最终将其主体性解放出来。课程内容应该关注学生在生活世界中的体验和生活经验。课程的实施应从儿童的立场出发，充分为学生提供自由表达、主动探究和生成体验的权利和空间。

派纳对课程的重新定义，一方面模糊了课程的边界，大大拓展了课程内涵，同时也激发了课程研究的活力，让我们对"课程"概念的理解更加多元，更具"温度"。

七、多尔与后现代主义课程观

小威廉姆 E·多尔是美国后现代课程观的主要代表人物。他提出了一种

---

① 此部分内容参考尹弘飚，靳玉乐. 现象—诠释学课程理论及其对基础教育新课程的启示［J］. 外国教育研究，2002（12）：6-11.

超越现代科学理性的课程观——后现代课程观。这种课程观的设计思路以4R 为标准，试图超越"泰勒原理"。多尔在其代表作《后现代课程观》中系统阐述了他的观点，提出了他自己的课程乌托邦，即"没有人拥有真理而每个人都有权利要求被理解"。

多尔认为课程目标是丰富多变的，不断生成的，课程内容要有多种可能性或多重解释，要有"适量"的不确定性、异常性、模糊性。[①] 教学过程应强调参与、会话、反思与转变，"会话"是多尔课程的核心。多尔提出了后现代课程设计的"4R"标准，即 rich（丰富性）、recursive（回归性）、relational（关联性）和 rigorous（严密性）。

---

① 靳玉乐. 现代课程论［M］. 重庆：西南师范大学出版社，1995：250.

融合课程观：经典课程理论的实践运用

从博比特、查特斯将课程作为一个独立的研究领域到多尔的后现代课程观，人们对于课程的认识在不断发生变化，这种变化是与社会的发展、科技的进步以及心理学、管理学、哲学等学科的研究紧密不可分的。每一种课程观都是时代的产物。虽然每一种课程观都试图在前一种课程观的基础上有所超越，但是没有一种新的课程观能够完全抛弃前人关于课程的论述与研究。不同的课程理论提供了不同的观点，每种课程理论都提到了其他理论忽略的观点，同时也忽略了其他课程观揭露的一些观察纬度。这些课程理论本身并没有对错与好坏之分，只有适用性不同之别。

梳理课程理论近百年来的发展，可以发现里面有一条隐隐约约的线索，那就是对人的关注。从一开始关注技术、关注科学、关注成人的目标和社会的要求，关注学科的基本结构和专家的作用，到慢慢开始关注人的主体作用，关注教师、学生在课程中的地位，再到关注各方主体的课程审议，到概念重建主义和后现代主义课程观，不仅关注人的主体地位，更关注儿童的感受与体验，关注人与人之间的差异，人与人之间的相互对话与理解。总的来说，人的主观性、能动性越来越受到重视，课程研究中明显的功利主义与工具主义倾向、科学霸权主义越来越式微。

任何理论都具有不完备性，每一种理论都是集中于某些方面，而忽略了另一些方面。很多人都认为后现代课程思想与泰勒原理是针锋相对的，多尔提出的 4R 理论常被用作批判泰勒原理的利器，但多尔的 4R 理论讨论的主要是对课程内容的要求，与泰勒原理探讨的课程开发的程序问题基本不在同一个维度上。施瓦布的实践课程观虽然是在批判和反思布鲁纳的结构主义课程运动基础上建立的，但施瓦布更注重的是如何使广大的教师、学生能够认同课程改革，积极参与课程实践，他并未对结构主义课程观的核心思想进行批判。

　　我国的第八次新课改综合了各家学说，既有所保留，又在理念上出现了比较大的突破。比如，将课程目标指向完整的人的培养，重建儿童的现实生活，把儿童培养成能够适应未来的"可能生活"的主体。在课程内容上，强调回归生活世界，扭转"知识本位""科学本位""理论本位"的旧课程内容观。在人和课程之间的关系上，把儿童视为一个活生生的、生活着的人。树立了课程"以人为本、为人服务"的思想，强调学生对课程的主动掌握、反思和生成，力图改变过去那种"人被课程奴役""人是知识的容器"之异化状态。概念重建主义课程观中的课程概念和"体验""文本""对话""理解"等词语在新课程改革中经常被提及。

　　国外的经典课程理论各有所侧重，体现了从关注科学技术到关注人的发展脉络。但是，科学技术和人的发展也并不是截然对立的，当前的社会发展要求我们合理运用科学技术，更好地为人类的发展服务。在学校的课程实践中，泰勒原理、布鲁纳的结构主义、施瓦布的课程审议等都成为了指导学校课程开发的重要理论。还有一些学校创造性地将这些不同的理论灵活融合，进行课程和教学的改革，取得了令人瞩目的成绩。

　　也许我们今天能够站在一个新的高度，超越这些经典的课程理论，形成具有本土特点的创新性课程理论。但是，在我们的课程实践中，我们永远无法跨越这些理论。因为，所谓的"经典"，就是当我们在实践中走了很多弯路，做了很多努力，收获很多经验的时候，蓦然回首，发现这些课程理论所阐述的思想竟然与今天的我们遥相呼应，不谋而合。经典的课程理论都是在鲜活的课程实践中生长出来的，并且经受过时间的考验，当我们把这些理论还原到当今的课程情境中，这些理论就会在具体的实践中，重新迸发出它们无限的生命活力。

第二章

课程规划：一种编织的艺术

课程规划是一种高难度的编织艺术，它既编织了学生当下的生活，也创造了各种可能的未来。

"正确地做事"与"做正确的事"

传统的课程体系是单一的、封闭的，开设什么样的课程全由国家规定，课程内容由专家开发，学校的任务就是执行国家课程，根本不需要进行课程的规划，只需要"正确地做事"就行了。但是，在新的教育背景下，国家三级课程管理制度的建立为学校创生课程提供了空间，怎样将这些有限的空间转化为无限的可能，需要学校对课程进行全面的规划和设计。学校由原来追求"正确地做事"转向追求"做正确的事"，其自我决策、自主发展、特色发展的空间越来越大。怎样有效利用这些自由的发展空间，创造性地规划、设计学校的课程体系，既是机会，也更是前所未有的挑战。

什么是学校课程规划？对于大多数的校长和教师来说，这个名词还是比较陌生的。课程规划就是学校对本校实施的所有课程的开发、实施、组织、管理与评价的整体设计与安排，它主要包括三个方面的任务：

第一，学校课程愿景设计。学校课程规划首先要回答学校的教育目的是什么，课程规划的目标是什么，通过课程的规划和设计到底要培养什么样的学生等一系列基本的问题。学校课程规划使得学校从传统的只需要知道上级所指定的课程"是什么"，转向主动寻求课程"应该是什么"，学校的主体意识在逐步苏醒。学校的课程愿景不是个别校长、教师或某些专家的愿景，而是整个学校组织的愿景，是建立在学校基础之上，被学校中大多数人认可的愿景，是教师、学生、家长、社区共同参与规划的。课程愿景的规划过程也是凝聚人心、统一认识、增强学校向心力的过程。学校课程愿景需要用简明、清晰而准确的文字表达出来，让大家都能了然于胸。

第二，课程方案设计。主要包括学校课程内容结构设计、课时安排、教学建议、评价设计、管理与保障等内容。通过课程方案的编制，将学校的课程规划设计、实施、评价系统化、清晰化、操作化。

第三，课程组织制度设计。传统教育背景下，学校的组织制度基本上都是围绕教学管理展开的，没有支撑课程开发、实施、评价的功能。学校课程规划的时候必须考虑应该通过怎样的组织和制度来保障课程的开发和顺利实施。没有对组织的变革就很难顺利完成课程规划及其实施的相关任务。在新课程背景下，学校究竟要成为一个什么样的组织？戴维·W·约翰逊和罗杰·T·约翰逊指出，学校组织是一个为了实现既定目标而构建的人际关系网络，只有这种人际关系网络建立在团队的基础上，学校才可能成为一个高绩效组织，他们把这样的学校称为合作型学校。[①] 学校的组织制度建设必须由原来的注重常规管理的条块分割型科层组织转向注重课程教学研究的合作型团队。对学校组织进行设计的旨趣在于，构建能规划出高品质的学校课程并进行高效实施的团队，团队的成员应该至少包括校长、教师以及学校的其他成员。组织设计的具体内容可能包括团队的组成、权力制度、教师培训制度、团队考评规则等，其目的在于使得团队的工作都集中在提高课程的质量上。[②]

学校课程的规划是非常复杂的工作，至少需要考虑社会要求、人的发展、学习本质、知识特点这四个方面的因素（如图2-1所示），不管是学校整体的课程结构还是某一门具体的课程，其规划和设计的重点、难点都是要将

图2-1：课程规划与设计的四大影响因素

---

① ［美］戴维·W·约翰逊，罗杰·T·约翰逊.领导合作型学校［M］.唐宗清，等译.上海：上海教育出版社，2003：40-61.
② 靳玉乐，董小平.论学校课程的规划与实施［J］.西南大学学报：社会科学版，2007（5）：108-114.

这几个方面完美地编织在一起，课程规划从某种意义上说，是一种编织的艺术。当前基础教育学校的课程规划和设计，存在的最突出的问题就是，在课程规划设计的时候，往往只考虑学校的需求和知识本身的结构体系，不能把学生的成长发展特点与需求、学生学习的规律与特点、社会整体发展的要求等完美结合起来，使得学校开发出来的校本课程，仍然呈现出知识本位、成人本位、学校本位的特征，并不能真正受到学生的喜欢。

课程规划要考虑社会力量的影响

社会力量是影响学校课程规划的重要因素，社会力量至少包括以下三个层级：首先是国家和国际这一层级，对于课程规划者来说，非常关键的问题是如何才能将未来未知的要求整合到现在的课程规划之中。种族和文化差异的不断扩大、环境、价值观和道德观的改变、家庭、微电子革命、变化中的工作场所、平等权利、暴力与犯罪、目的和意义的缺失、全球的相互依赖是这一层级我们需要考虑的十个关键问题。社会力量的第二个层级是地方社区，包括社区中家庭结构、学生的背景、社区的自然经济特点与要求、社区的价值观等。社会力量的第三个层次是学校文化，包括学校的教育传统、文化积淀、教师和学生的地位、学校的价值观等。

学校的课程规划要站在"世界的高度"，用国际视野审视学校自身的教育哲学与价值观，也要有"历史的长度"，既要建立在今天的社会背景和学生现状基础之上，又要考虑到学生未来十年、二十年乃至终身发展的需要。

当前学校的课程规划和设计都追求鲜明的个性与特色，追求用精练的语言概述学校的课程哲学。比如有的学校指出课程要关注个体差异，使每一个生命个体得到充分的发展；有学校提出"不一样的课程，成就不一样的学生"；还有学校提出"让每一位学生都找到适合自己发展的道路"。虽然提法各不相同，但深入分析的话，可以发现这些多元的表达其实都强调了一种取向，即关注学生个体的发展。很少有学校对影响课程和教育的其他因素予以考虑，缺少对当前课程价值取向的深层次反思。

学校不约而同地把"以儿童为中心"作为课程追求的目标，一方面说明新课程改革的"为了每一位学生的发展"的课程理念在实践中产生了广泛的影响，但另一方面，也在一定程度上反映了学校对自身的教育哲学还缺乏深层次的思考。学校教育要让每一个学生得到发展，那么"发展"的具体内涵是什么？人的发展能否脱离社会的整体需要？在当前的社会背景下，人的发展有什么样的特点和要求？杜威在《我们怎样思维·经验和教育》中告诫道：不要简单地朝向某一方的观点靠拢，而要找出存在冲突的原因，有必要制订一个操作性很强的深层次的、更具包容性的计划。①学校应该有更多元、更具包容性的课程哲学。

当前世界发展局势越来越复杂，虽然和平与发展仍然是主题，但是各国之间的领土争端、经济摩擦逐步升级，恐怖主义威胁着整个世界的安全。资源的逐渐短缺、环境问题、多元文化之间的沟通理解等问题都成为影响人类可持续发展的重要因素，怎样培养适应新时代发展的"人"，怎样培养改造世界的"人"是教育的重要任务。学校的课程规划必须有世界的眼光，同时又要关照社区的教育期待，珍视学校的历史传统和教育传承，体现地方特色与本土情怀。

---

① [美] 杜威. 我们怎样思维·经验和教育 [M]. 姜文闵，译，北京：人民教育出版社，2005：123.

课程规划要基于人的发展特点

认识人的发展有利于课程规划者按照学习者的特点和需要来设计课程。认识人的整个发展过程和特点是课程设计的基础，不同个体的成长过程存在差异，在对人进行研究的基础上，课程规划的要求之一就是"匹配问题"，也就是学习者的发展阶段和与之相应的课程必须匹配。

人类学家阿什利·蒙塔古指出儿童的本质是教育界目前尚未完全理解的一个问题，可塑性是人区别于其他动物的显著特点，除此之外，人类最重要最基本的需求就是对爱的需求。他认为我们随意地将儿童的发展阶段规定为婴儿期、儿童期、青春期，按照不同的年龄区别对待不同的儿童，是一种有害的思想，因为每个孩子都有他自己的发展速度，以平等的方式对待不平等，这是最不公正的待人方式。①阿什利·蒙塔古的观点不无道理，作为教育者，我们最缺乏的就是对儿童的认知和研究，在课程规划设计中，更是如此。

在课程规划中，考虑人的发展的特点时，至少需要关注五个方面：个体差异的生物基础、人的身体生长和发育、智力发展与成就、情感发展与培养、文化与社会发展。

关于人的发展问题，教育理论家提出了很多重要的理论，这些理论对课程规划产生了重要的影响，其中比较有代表性的主要有三种：一是皮亚杰的认知发展理论，二是埃里克森的心理成长阶段理论，三是劳伦斯·科尔伯格的道德发展的认知发展观。他们分别从人的思维发展和认知特点、人格和心理发展、道德认知三个角度对学生的发展阶段和特点作出了自己的论述。

---

① ［美］弗雷斯特·W·帕克.课程规划——当代之取向［M］.谢登斌，等译.杭州：浙江教育出版社，2004：132.

一、皮亚杰的认知发展理论

皮亚杰认为智力的本质是适应，他用四个基本概念阐述他的适应理论和建构学说，即图式、同化、顺应和平衡。

图式即认知结构。同化是主体将环境中的信息纳入并整合到已有的认知结构的过程。顺应是当主体的图式不能适应客体的要求时，就要改变原有图式，或创造新的图式，以适应环境需要的过程。平衡是主体发展的心理动力，是主体的主动发展趋向。儿童通过对客体的操作，积极地建构新知识，通过同化和顺应的相互作用达到符合环境要求的动态平衡状态。皮亚杰把人的认知发展分为四个阶段。

第一，感知运动阶段（出生至两岁）。这个阶段的儿童的主要认知结构是感知运动图式，儿童借助这种图式可以协调感知输入和动作反应，从而依靠动作去适应环境。

第二，前运算阶段（两岁至六七岁）。儿童将感知动作内化为表象，建立了符号功能，可凭借心理符号（主要是表象）进行思维，从而使思维有了质的飞跃。

第三，具体运算阶段（六七岁至十一二岁）。在本阶段内，儿童的认知结构由前运算阶段的表象图式演化为运算图式。具体运算思维的特点是具有守恒性、脱离自我中心性和可逆性。该时期的心理操作着眼于抽象概念，属于运算性（逻辑性）的，但思维活动需要具体内容的支持。

第四，形式运算阶段（十一二岁以后）。这个时期，儿童思维发展到抽象逻辑推理水平。

皮亚杰的认知理论对于我们学校课程规划至少有这样几点启示：

第一，在皮亚杰看来，教学不仅仅是知识的传授，更重要的是促进个体心智的发展。因此，课程的设计不要一味关注知识的堆积和灌输，而要考虑如何通过活动的设计，来促进学生认知和思维的发展。[①]

第二，每个学生都有属于自己的认知结构和图式，我们在课程设计的时

---

① 杨慧.皮亚杰理论对课程设计的意义［J］.郑州航空工业管理学院学报：社会科学版，2004, 23（5）: 79-81.

候，应该考虑怎样让课程内容适应学生各具差异的认知结构。

第三，学生在不同的年龄阶段具有不同的思维特征，课程的安排和设计要体现学生各发展阶段的思维特点。比如在幼儿阶段，课程设计要尽量让孩子去操作、去动手、去触摸。小学阶段的课程设计要尽量提供形式多样的、直观具体的素材，促进学生积极思维活动的展开。

第四，皮亚杰认为给学生学习的材料必须和学生的已有经验有一定的联系，这样有利于学生的主动建构式学习的展开，同时又要足够新颖，这样才能产生认知上的不协调和冲突，引起学生的兴趣。因此，在课程设计中，要为学生提供发现学习、探究学习的机会，让课程成为师生共同参与探求知识的过程。

二、埃里克森的心理成长阶段理论

埃里克森是美国当代著名的发展心理学家和精神分析学家。他提出了人格的社会心理发展理论，把心理的发展划分为八个阶段。

第一，婴儿期（0～1.5岁）：获得基本信任感，克服基本不信任感。如果一个人在人生最初阶段建立了信任感，将来在社会中就会成为易于信赖和满足的人；反之，他将成为不信任别人和贪得无厌的人。

第二，儿童期（1.5～3岁）：获得自主感而避免怀疑感与羞耻感。这一时期，儿童掌握了大量的技能，如爬、走、说话等。更重要的是他们学会了怎样坚持或放弃，也就是说儿童开始"有意志"地决定做什么或不做什么。这一阶段发展任务的解决，对于个人今后对社会组织和社会理想的态度将产生重要的影响，对未来的秩序和法制生活作好准备。

第三，学龄初期（3～6岁）：获得主动感而克服内疚感。在这一时期，如果幼儿表现出的主动探究行为受到鼓励，幼儿就会形成主动性，这为他将来成为一个有责任感、有创造力的人奠定基础。如果成人讥笑幼儿的独创行为和想象力，那么幼儿就会逐渐失去自信心，缺乏自己开创幸福生活的主动性。

第四，学龄期（6～12岁）：勤奋对自卑的冲突。这一阶段的儿童都应在学校接受教育。如果他们能顺利地完成学习课程，他们就会获得勤奋感，这使他们在今后的独立生活和承担工作任务中充满信心。反之，就会产生自卑。

第五，青春期（12～18岁）：获得同一感而克服同一性混乱。这一时期，解决好寻找自我、发现自我而出现的暂时性角色混乱，经过积极的自我整合，达到他人心目中自我形象与自己预期的自我形象的认同，就建立了同一感。这种同一感可以帮助青少年了解自己以便能顺利地进入成年期。否则就会产生同一性的混乱。埃里克森把同一性危机理论用于解释青少年对社会不满和犯罪等社会问题上，他说：如果一个儿童感到他所处的环境剥夺了他在未来发展中获得自我同一性的种种可能性，他就将以令人吃惊的力量抵抗社会环境。

第六，成年早期（18～25岁）：获得亲密感而避免孤独感。只有具有牢固的自我同一性的青年人，才敢于冒与他人发生亲密关系的风险。因为与他人发生爱的关系，就是把自己的同一性与他人的同一性融为一体。这里有自我牺牲或损失，只有这样才能在恋爱中建立真正亲密无间的关系，从而获得亲密感，否则将产生孤独感。

第七，成年期（25～65岁）：获得创造力感，避免"自我专注"。在这一时期，人们不仅要生育孩子，同时要承担社会工作，这是一个人对下一代的关心和创造力最旺盛的时期，人们将获得关心和创造力的品质。这是中年期与壮年期，是成家立业的阶段。

第八，成熟期（65岁以上）：获得完美感而避免失望感。当老人们回顾过去时，可能怀着充实的感情与世告别，也可能怀着绝望走向死亡。自我调整是一种接受自我、承认现实的感受，一种超脱的智慧之感。如果一个人的自我调整大于绝望，他将获得智慧的品质，埃里克森把它定义为："以超然的态度对待生活和死亡。"

埃里克森认为，在每一个心理社会发展阶段中，解决了核心问题之后所产生的人格特质，都包括了积极与消极两方面的品质，如果各个阶段都保持向积极品质发展，就算完成了这阶段的任务，逐渐实现了健全的人格，否则就会产生心理社会危机，出现情绪障碍，形成不健全的人格。

埃里克森的理论对我们的课程规划有重要的意义：

第一，学校的课程内容对于学生最深层次的人格发展、自我认识等，相对是比较忽视的。信任、主动、勤奋、意志、忠诚、关怀等都是影响人的一生发展的重要心理品质，这些品质的形成与学生未来生活的"幸福指数"息息相关，需要引起我们的足够重视。

第二，人格的发展是互相联系着的，一环扣一环，前一阶段危机的积极解决会加大后一阶段危机积极解决的可能性。所以，对孩子的人格教育应该越早越好。

第三，适度的挫折体验对个体健全人格的发展具有重要意义。每个人成长过程中会遇到各种挫折，比如人际交往的失败、学习竞争的失意、家庭生活方面的不幸等导致的心理失衡而造成的心理压力，在学校的课程设计中，要针对每个阶段的学生可能会面对的压力和困惑，对学生进行适度的挫折教育，有利于学生人格的健全发展。

三、科尔伯格的道德发展阶段理论

科尔伯格是美国儿童发展心理学家，他认为人的道德发展一般要经历三种水平六个阶段。

1. 前习俗水平（0～9岁）

儿童为了免受惩罚或获得奖励而顺从权威人物规定的行为准则。根据行为的直接后果和自身的利害关系判断好坏是非。这一水平包括两个阶段：

第一阶段：惩罚与服从定向阶段。儿童根据行为的后果来判断行为是好是坏及严重程度，他们服从权威或规则只是为了避免惩罚，还没有真正的道德概念。

第二阶段：相对功利取向阶段。儿童不再把规则看成是绝对的、固定不变的，评定行为的好坏主要看是否符合自己的利益。

2. 习俗水平（9～15岁）

能够着眼于社会的希望与要求，以社会成员的角度思考道德问题，开始意识到个体的行为必须符合社会的准则，能够了解社会规范，并遵守和执行社会规范。规则已被内化，按规则行动被认为是正确的。习俗水平包括以下两个阶段：

第三阶段：寻求认可定向阶段，也称"好孩子"定向阶段。处在该阶段的儿童，个体的道德价值以人际关系的和谐为导向，谋求大家的赞赏和认可。他们认为好的行为是使人喜欢或被人赞赏的行为。

第四阶段：遵守法规和秩序定向阶段。处于该阶段的儿童，其道德价值以服从权威为导向，他们服从社会规范，遵守公共秩序，尊重法律的权威，以法制观念判断是非，认为准则和法律是维护社会秩序的。

3. 后习俗水平（15岁以后）

又称原则水平，达到这一道德水平的人，其道德判断已超出世俗的法律与权威的标准，而且有了更普遍的认识，想到的是人类的正义和个人的尊严，并已将此内化为自己内部的道德命令。后习俗水平包括以下两个阶段：

第五阶段：社会契约定向阶段。认为法律和规范是大家商定的，是一种社会契约。他们看重法律的效力，认为法律可以帮助人维持公正。但同时认为契约和法律的规定并不是绝对的，可以应大多数人的要求而改变。在强调按契约和法律的规定享受权利的同时，认识到个人应尽义务和责任的重要性。

第六阶段：原则或良心定向阶段。这是进行道德判断的最高阶段，表现为能以公正、平等、尊严这些最一般的原则为标准进行思考。在这个阶段上，他们认为人类普遍的道义高于一切。

雷夫·艾斯奎斯是美国最有趣、最有影响力的教师，他从儿童的角度，用通俗易懂的语言，将科尔伯格的道德发展阶段描述为：我不想惹麻烦、我想要奖赏、我想取悦某人、我要遵守规则、我能体贴别人、我有自己的行为准则并奉行六个阶段。雷夫结合道德发展的六个阶段进行了卓有成效的实践探索，给予我们很多的启发。

科尔伯格的道德发展理论告诉我们，学生的道德发展是以认知发展为基础的，在不同的阶段，要根据学生的具体认知发展特点，引领他们的道德不断向更高水平迈进。科尔伯格的道德发展理论也促使我们对道德教育的方式进行反思。在平时的德育中，我们基本是通过各种奖赏、成绩分数排名、升学等各种外在的奖惩手段在激励学生的学习，这些手段在短期内起到了调动学生学习积极性、活跃课堂教学氛围的作用。但是，我们却没有注意到，在这些手段下，学生的道德发展始终处在"我想要奖赏"这种比较低的阶段。所以当外在的约束、奖惩消失的时候，这些孩子很容易丧失学习和保持良好行为的动力。因此，在德育中，我们必须认识到奖励、奖赏这些手段本身的局限性，充分调动学生自身的发展主体性，引领他们向更高的道德发展阶段迈进。

科尔伯格通过实验研究，还提出了不要将道德原则直接教给儿童的建议。不能用权威的影响向儿童灌输道德。外界的强力影响，只会给儿童的道德价值判断带来不健康的影响。[①]

当前我们的学校会通过各种途径对学生的道德发展施加影响，比如黑板报、教室里的各种标语、荣誉榜、校园里的各种宣传栏，这些主要是一种潜移默化的环境课程。还有不少学校开设了专门对学生品德进行培养的校本课程，比如中国传统美德、礼仪教育、习惯教育等。此外，学校还有丰富的班团队活动、节日活动等，也是品德教育的重要内容。这些内容的设计都需要我们结合学生道德发展的阶段理论进行深层次反思：我们的教育是否太注重"比赛奖惩""规则约束""说教灌输""行为示范"？有没有引领学生不断向更高的道德发展阶段迈进？

---

① 邱燕.科尔伯格道德发展阶段理论及其对学校德育方式的启示［J］.法制与社会，2009（11）：289.

课程设计要引领学生展开有意义的深度学习

　　课程的设计不仅仅要考虑对知识内容的编排，也要体现学生学习过程的预设与安排。因此，好的课程设计需要考虑：学生的学习本质是什么？什么样的学习是好的学习、有意义的学习？怎样的课程设计能够激发学生进行有意义的学习？如果课程设计只是将知识进行简单的堆积，其隐含的就是讲授灌输式的教学方式。以情境、问题、项目方式呈现的课程内容，则体现了对学生问题式学习、探究式学习和教师情景化教学的期待。当前，广受大家关注的几种学习理论，都强调了在当前的社会发展背景下，学生基于问题的学习、有意义学习、深度学习的重要性。

一、脆弱知识综合症与学习金字塔

　　美国学者大卫·珀金斯认为学生在学习过程中存在一种普遍的症状，他称之为"脆弱知识综合症"。他认为有三种值得关注的知识学习结果：一是惰性知识。这种知识存在着，却不起任何作用，除非明确提示，比如考试，否则我们不会想到用它。二是幼稚知识。学生在学习后，重新回到早期对问题部分或全部错误的直觉理解状态。三是模式化知识。这是一种解决问题的常规知识，学生机械执行处理事物的方式，只学习解决问题的步骤，而不理解使用这种步骤的原因。[①]

　　美国缅因州的国家实验室曾经提出了学习金字塔理论。学习金字塔是美国缅因州的国家训练实验室研究成果，它用数字形式形象显示了采用不同的

---

① 张怀山.为理解而教，诊治脆弱知识综合症［J］.数学大世界：教师适用，2011（7）：68-68.

学习方式，学习者在两周以后还能记住内容的多少（平均学习保持率），如图 2-2 所示。它是一种现代学习方式的理论，是由美国学者、著名的学习专家爱德加·戴尔于 1946 年首先发现并提出的。

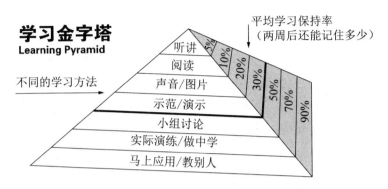

图 2-2：学习金字塔

从学习金字塔我们可以看出，学习效果在 30% 以下的几种学习方式，基本都是传统教学方式中最常用的被动学习、静坐听讲，而学习效果在 50% 以上的，都是团队学习、主动学习和参与式学习。由此可见，学习方式不同，学习效果大不一样。

二、SOLO 分类评价理论与深度学习理论

SOLO 分类评价理论是香港大学教育心理学教授比格斯首创的一种学生学业评价方法，他将学生的学习结果分为五种结构，或者称为五个层次，分别为：前结构、单点结构、多点结构、关联结构和抽象扩展结构。在每一个结构层次上，可以通过能力、思维操作、一致性与收敛、回答结构、反应特征五个维度来对学生的学习结果进行评价，以确定学生的反应处于何种层级。各个层级的具体特点见图 2-3。

比格斯提出的思维分类结构是一个由简单到复杂的层次类型，具体来说就是点、线、面、立体、系统的发展过程，思维结构越复杂，思维能力的层次就越高。

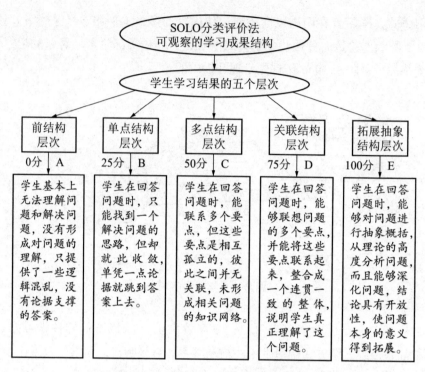

图 2-3：比格斯的 SOLO 分类评价法

按照学习结果的质量来划分，学习方式还可以划分为表层式学习方式和深层式学习方式。学者马顿和萨基等人主张从质的方面来看待学生的学习。通过采用现象描述的方法对学生在语文阅读时的学习过程进行研究，马顿发现，学生在学习之初就怀着某种意图：要么注意于搜索、记忆文章所用的词语，要么集中于把握文章的整体结构和思考作者所要表达的意义。与此相应，就会采取两种不同的学习方式：表层式学习方式和深层式方式。马顿的研究表明：表层式学习方式所产生的学习结果就是字、句的重现，而深层式学习方式所产生的学习结果就是结构化的论点，也就是说，采用表层式学习方式的学习者学到的是零散的、孤立的、肤浅而无意义的知识材料，采用深层式学习方式的学习者学到的是结构化的有意义的知识和内容，是一种好的学习结果，具有高的学习质量。

三、情境认知理论

情境认知理论认为，知识存在于个体和群体的行动之中，随着个体参与到新的情境中并在新情境中进行协商，知识产生了。知识和能力的发展，发生于真实情境中不断利用知识的活动中。该理论反对把知识与学习和使用它的情境相脱离，因为这样的知识正如著名的数学家、逻辑学家怀特海指出的，是"呆滞的知识"——仅为人脑所接受却不加以利用，或不进行检验，或没有与其他新颖的思想融为一体，因而，当需要用这些知识来解决实际问题时，它们往往被证明是没有用的。也就是说，情境认知理论超越了传统的知识观，强调知识的情境性、真实性、社会性、应用性、互动性。

基于情境认知的学习情境一般具备以下特征：提供真实的情境脉，这种情境反映了知识在真实的生活中使用的方式；提供真实的活动，真实的活动可以简单地定义为通常的文化实践；提供接近专家的机会，观察专家的行为，模拟专家的做法；提供扮演多种角色的机会，从不同的视角看问题；提供合适的小组学习的任务，支持知识的合作建构；在学习的关键时刻为学生提供指导或搭建脚手架；促进反思，以形成抽象的观念；促进清晰表述，使默会知识转变为明确知识；提供对学生学习的整合性的、真实性的评价。

四、PBL 学习模式

PBL（problem-based learning，也称作问题式学习）是一套设计学习情境的完整方法，最早起源于 20 世纪 50 年代的医学教育。PBL 是基于现实世界的以学生为中心的教育方式。

PBL 有五大特征：一是从一个需要解决的问题开始学习，这个问题被称为驱动问题。二是学生在一个真实的情境中对驱动问题展开探究，解决问题的过程类似学科专家的研究过程。学生在探究过程中学习及应用学科思想。三是教师、学生、社区成员参加协作性的活动，一同寻找问题解决的方法，与专家解决问题时所处的社会情形类似。四是学习技术给学生提供了脚手架，帮助学生在活动的参与过程中提升能力。五是学生要创制出一套能解决问题的可行产品（products）。这是课堂学习的成果，是可以公开分享的。

五、学习风格理论

学习风格（learning style）是反映学生个体差异的重要概念之一，学习风格于1954年由美国学者哈伯特·塞伦（Herbert Thelen）首次提出。关于学习风格的定义有很多种，但主要强调以下几点：一是学习风格的实质是学习者经常使用的学习方式或倾向。二是学习风格具有稳定性和独特性，是在长期的学习过程中逐渐形成的，很少因学习内容和学习环境的改变而改变，具有鲜明的个性。三是学习风格的形成受社会、家庭、学校教育方式的影响。四是学习风格与学习动机、学习策略、学习情感相联系。五是学习风格具有普遍性。

美国圣约翰大学的杜恩提出了学习风格构成要素模型，将学习风格构成要素分成五大类：一是环境类，包括对学习环境静闹、光线强弱、温度高低、坐姿正规或随便等的偏爱；二是情绪类，包括动机、学习坚持性、学习责任性等；三是社会类，包括独立学习、结伴学习、喜欢与成人或各种不同的人一起学习等；四是生理类，包括对听觉、视觉等刺激的爱好，学习时是否爱吃零食，学习时是否喜欢活动，什么时间学习效果最佳等；五是心理类，包括分析与综合、对大脑左右两半球的偏爱、沉思与冲动等。

脆弱知识综合症、学习金字塔、SOLO分类评价理论、深度学习理论、情境认知理论等都揭示了当前我国基础教育中教学的弊端，过于注重知识的灌输和学习，学生习得了大量知识，这些知识却都脆弱无比，不堪一击，无法在生活中运用。随着互联网的普及，我们越来越感觉到，知识已经不是一种力量，因为知识的增长速度实在太快了，学生获得知识的途径也越来越多样化，越来越容易。随着知识增长速度的加快，我们对"学习"概念的理解也开始发生了变化。以前，我们可能认为，学生掌握了基本的知识、基本的技能是重要的。而现在，我们会发现，如何让学生学会自主学习，在学习中将知识与个体的经验结合起来，学会运用知识解决实际问题更加重要。真正有意义的学习应该是利用多样化的学习方式，在真实的情境中，基于问题的深度学习。

这些学习理论对于课程设计也具有重要的指导意义，我们在进行课程规划设计的时候，不仅仅要考虑学生学什么内容，还要考虑用什么样的形式来呈现课程内容，引导学生用什么样的学习方式来参与学习。在呈现知识的时候，尽量联系学生的真实生活情境，通过问题引入激发学生，考虑这些知识与学生当下生活和未来生活的联系，考虑如何通过课程的设计，让学生真正理解学习的意义，从而爱上学习，寻求有意义的学习。

课程设计要兼顾不同类型的知识

一、布卢姆的目标分类理论

布卢姆等人在 20 世纪 50 年代提出的教学目标分类理论，将教学活动所要实现的整体目标分为认知、动作技能、情感三大领域，并从实现各个领域的最终目标出发，确定了一系列的目标序列，其中，认知领域的目标分类最为大家所熟悉。

布卢姆将认知领域的教学目标分为识记、领会、运用、分析、综合和评价六个层次。

识记。指对先前学习过的知识材料的记忆，包括具体事实、方法、过程、理论等的记忆，如记忆名词、事实、基本观念、原则等。

领会。指把握知识材料意义的能力。可以通过三种形式来表明对知识材料的领会：一是转化，即用自己的话或用与原先不同的方式来表述所学的内容；二是解释，即对一项信息（如图表、数据等）加以说明或概述；三是推断，即预测发展的趋势。

运用。指把学到的知识应用于新的情境、解决实际问题的能力。它包括概念、原理、方法和理论的应用。运用的能力以知道和领会为基础，是较高水平的理解。

分析。指把复杂的知识整体分解为组成部分并理解各部分之间联系的能力。它包括部分的鉴别、部分之间关系的分析和认识其中的组织结构。例如，能区分因果关系，能识别史料中作者的观点或倾向等。分析代表了比运用更高的智力水平，因为它既要理解知识材料的内容，又要理解其结构。

综合。指将所学知识的各部分重新组合，形成一个新的知识整体。它包括发表一篇内容独特的演说或文章，拟定一项操作计划或概括出一套抽象关系。它所强调的是创造能力，即形成新的模式或结构的能力。

评价。指对材料（如论文、观点、研究报告等）作价值判断的能力。它包括对材料的内在标准（如组织结构）或外在标准（如某种学术观点）进行价值判断。

布卢姆把情感领域目标分为接受或注意、反应、价值评价、价值观的组织、价值或价值体系的性格化五个不同层次的目标；动作技能领域目标分为知觉、准备、有指导的反应、机械动作、复杂的外显反应、适应以及创作七个层次的目标。

安德森在布卢姆的目标分类学的基础上，把知识分为四类：事实性知识、概念性知识、程序性知识、反省认知的知识。

二、显性知识与隐性知识 ①

隐性知识又称缄默知识（tacit knowledge），源于1958年迈克尔·波兰尼的《个人知识》一书。他认为人类的知识有两种，一种称为显性知识，以书面文字、图表和数学公式加以表述，而另一类是我们在做某事的行动中所拥有的，未被表述知识可以称为隐性知识。关于隐性知识，波兰尼有两个论述特别重要。第一，"我们知道的多于我们所能表达的"。隐性知识比显性知识更加丰富，隐性知识扩大了我们知识的疆域。第二，隐性知识相对于显性知识来说具有优越性。

波兰尼认为，显性知识是已经用言语或者其他方式表达的知识，它们容易被保存和传播。但人们由此产生了一种误解，即误以为知识总是"公众的""公共的"。其实，知识的公共性是语言符号的功绩，但是知识的根源或者说知识的产生过程常常是"个人的"和"默然的"，因为所有公共的知识首先都是由个人发现的。而且，在个人发现的知识中，只有那部分被言语表达的知识才被公众分享，而未能被言语表达的知识只能存留在个人的实践活动中。鉴于这样的发现，波兰尼认为隐性知识是一种"个人知识"。

日本著名知识管理专家野中郁次郎教授在《哈佛商业评论》上发表了他对隐性知识显性化的研究成果。野中郁次郎教授研究了人类四种基本的学习

---

① 张民选.隐性知识与隐性知识的显现可能［J］.全球教育展望，2003（8）：15-21.

和传播知识的模式。它们分别是：从隐性知识到隐性知识、从显性知识到显性知识、从显性知识到隐性知识和从隐性知识到显性知识。前三种知识传授和学习的模式是我们熟悉的。譬如，个人与个人的、拜师学艺式的学习和传授反映的是从隐性知识到隐性知识的模式；教师通过课堂讲授学科知识和学生通过听讲学习学科知识的过程主要反映从显性知识到显性知识的过程；汽车驾驶员先学规则和操作技术，数年后车会开了却难讲清规则和技术的时候则经历了知识内化或者说从显性知识到隐性知识的过程。但从隐性知识到显性知识的学习和传播模式却常常被人们忽视。

为了说明这种模式的存在，也为了证明隐性知识的显现可能，野中郁次郎提出了一个著名的案例：松下公司的田中郁子工程师改进松下烤面包机的过程。1985 年松下公司遇到一个难题，即如何让面包机揉好面、多风味。他们甚至比较了机器揉面和手工揉面的 X 射线，也不得要领，机器总是做不过面包师，烤制的面包总是单调而缺少特色。于是，公司派出一位细心的软件工程师田中郁子去研究这个难题。田中郁子和同事们采取了不同寻常的办法：跑遍东京大阪的面包房、西餐馆，走访研究面包大师们如何做面包。他们仔细记录面包师们的制作过程，分析他们讲述的诀窍和心得，终于弄清了面包师们自己都讲不出、道不明的过程和技巧，编制出若干套各有特色的程序，并且把这些程序配置在几个不同型号的面包机上，松下的面包机终于能够烤出风味各异、美味可口的面包了，新型面包机创下了松下的销售新纪录。

野中郁次郎认为，田中郁子将面包师傅们原先的隐性知识技能记录下来，明示和显现给了她的同事和公司；田中郁子还和同事们一起用软件将这些原来"只可意会不可言传"的知识和技能固定在面包机的程序中，再用文字写在产品开发文件中和用户的说明书中。这个案例清楚地表证了从隐性知识到显性知识的可能性，实现了隐性知识的显性化。

德裔学者冯·科若赫出版了《使知识创造成为可能：如何揭开隐性知识之谜与释放创新的力量》一书。他强调，隐性知识显性化的过程就是一个知识创新的过程。促使隐性知识显性化的策略主要有五项。它们分别是"分享隐性知识""创造新的概念""验证提出的概念""建立基本模型"和"显现和传播知识"。

有人曾借用弗洛伊德冰山的隐喻来形象地说明两者的关系，外显知识是浮出水面的"冰山尖端"，隐性知识则是隐藏在水下的绝大部分。可见，隐性知识虽难以发觉，却相当重要。

如果说，知识是一片广袤无垠的海洋，那么在学校课程中呈现的只是冰山之一角而已，沉浸在我们生活中的隐性知识就像隐没在海平面之下的庞大的冰山之体、冰山之基。在学校的课程规划与开发中，不同类型的知识都有可能进入我们的视野，我们要尽可能让学生接触各种各样的知识类型，特别关注那些最容易被我们忽视的程序性知识、反省认知知识、隐性知识，这些知识往往是帮助学生学会做事、学会创新、学会做人的重要知识。

课程规划是一种选择和放弃

　　每一所学校，学生所获得的知识都是不一样的。课程不仅要解决学生学什么的问题，更重要的是解决什么时候学、怎么学、学什么、学多少的问题，这就涉及课程规划的问题。有价值的知识如果学得不适当、不适时、不适合，也会造成意想不到的相反结果。

　　英国近代生物化学家和科学技术史专家李约瑟在上个世纪，提出了著名的李约瑟难题：为什么近代中国的科学技术落后了？2005年，温家宝在看望钱学森的时候，钱学森提出了这样的问题：中国教育为什么培养不出杰出人才？这两个问题背后有很复杂的原因，但其中课程的规划便是重要的因素之一。

　　首先，我们都有这样一个困惑，中国的孩子学得早、学得多、学得苦，但是为什么中国孩子的创新能力、实践能力、持续学习的兴趣和愿望却往往比不上其他国家的学生？

　　美国生物学家爱泼斯坦的研究表明，人脑有五个生长高峰期，这些高峰期随着缓慢生长期的间隔出现而分布在不同的年龄段。大脑的发展从出生开始，一直延续到17岁。大脑生长高峰期先后发生在出生后3至10个月、2至4岁、6至8岁、10至12岁、14至17岁，在大脑的五个高峰期，人的智力会迅猛发展，但他同时指出，如果在智力发展的高峰期灌输太多的知识，有可能会降低学习者在以后某个年龄段的接受信息的能力。因此，对大脑的发育阶段进行研究具有重大的现实意义，课程规划者必须设法使学习者的学习实际与内容适合人的大脑生长模式。[1] 由此可见，我们的课

---

[1] ［美］弗雷斯特·W·帕克.课程规划——当代之取向［M］.谢登斌，等译.杭州：浙江教育出版社，2004：127-128.

程规划可能过于注重对学生进行知识的灌输，忽视了课程内容与学生大脑发育生长之间的匹配性，反而影响了学生的长远、可持续发展。

有文章指出："联邦德国《基本法》（即宪法），七条第六款明确规定，禁止设立先修学校。孩子智力被过度开发并不是一件好事情，因为必须给孩子的大脑留下想象空间。过多的知识会使孩子的大脑变成了计算机的硬盘，长此下去，孩子的大脑就慢慢地变成了储存器，不会主动思考了。孩子在小学前的'唯一的任务'就是快乐成长。因为孩子的天性是玩耍，所以要做符合孩子天性的事情，而不应该违背孩子的成长规律。孩子有自身的成长规律，他们在相应的阶段要做相应的事情。表面上看中国的学前教育和基础教育很扎实，但他们的想象力和思考能力已经被破坏掉，由此造成了孩子被动接受知识而疏于主动思考的习惯。如果说在上学前对孩子非要进行'教育'的话，那'教育'的重点只有三个方面：一、基本的社会常识，比如不允许暴力、不大声说话等；二、孩子的动手能力；三、保护孩子情感胚胎，培养情商，培养领导力。"[①]

其次，我们的课程规划还存在着过于强调分科教学的问题，垂直设计的学科课程抑制了大脑的运转，人类的学习是在大脑内线性展开的。传递的信息脱离具体的情境却要求学生有能力将这些信息转化并运用到实际生活情境中去，这可能也是不现实的。

再次，我们的课程规划过于注重学生学术性课程的学习，忽视学生的活动、经验、体魄、人格、意志的培养。课程结构的设计反映了对人才的预期、选择和放弃。以下是美国犹他州幼儿园到高中的课程设置（见表2-1、2-2）。从中我们可以看出，美国的基础教育是放掉大部分学生，高中毕业的时候，他们的数学相当于我们初二的水平，学生学习大量的非学科选修课程，让他们随心所欲、随行入市，但他们抓住了极少数的高端人才，从初中开始就注重了科学素养的培养。

---

① 佚名. 为什么德国人拿了世界上近一半的诺贝尔奖，却故意让孩子输在起跑线上［J］. 师资建设，2015（4）：81-82.

表 2-1 美国犹他州 K—12 年级的核心课程

普通教育	
学科领域	**年 级**
艺术—舞蹈	K 1 2 3 4 5 6 7 — 12
艺术—音乐	K 1 2 3 4 5 6 7 — 12
艺术—戏剧	K 1 2 3 4 5 6 7 — 12
艺术—视觉艺术	K 1 2 3 4 5 6 7 — 12
教育技术	K — 2 3 — 5 6 — 8 9 — 12
健康教育	K 1 2 3 4 5 6 7 — 8 9 — 12
语言艺术	K 1 2 3 4 5 6 7 8 9 10 11 12
图书馆媒体	K 1 2 3 4 5 6 7 — 12
数　学	K 1 2 3 4 5 6 7 — 12
体　育	K 1 2 3 4 5 6 7 — 12
科　学	K 1 2 3 4 5 6 7 8 9 — 12
社会学科	K 1 2 3 4 5 6 7 8 9 — 12
世界语言	K — 12
应用技术教育	
学科领域	**年 级**
农　业	9 — 12
商　业	8 — 12
经济学和企业家	10 — 12
家政学和消费学	8 — 12
保健科学和技术教育	10 — 12
信息技术	9 — 12
键　盘	3 4 5 6 7 — 12

应用技术教育	
学科领域	年　级
营　销	10 — 12
技术教育	8 — 12
技术—生活—职业	7
贸易和技术性教育	10 — 12

表2-2　农业、商业、营销、技术领域及其所含具体学程

序号	农　业	商　业	营销教育	技　术
1	农业经营与管理	会计1	广告和改进	技术基础
2	农业科学与技术1	会计2	电子商务学程1&2	通讯导论
3	农业科学与技术2	管理程序	经济学	建筑导论
4	农业科学与技术3	银行与金融	创　业	制造导论
5	农业系统技术1	商业通讯1	时装经营，高级	交通和能源导论
6	农业系统技术2	商业通讯2	时装经营—第一和第二学期	技术原理
7	畜牧学和技术，高级	商业法	国际营销	前工程学
8	畜牧学和技术，入门	商业管理	营销学，高级	技术教育1和2
9	生物学：农业科学和技术	商业中的计算机	营销学—第一和第二学期	
10	花卉栽培和绿色家园管理	Desktop 出版	房地产	
11	自然资源管理1	经济学	零售和学生商店	

序号	农　业	商　业	营销教育	技　术
12	自然资源管理2	创业	竞技和娱乐营销（学年）	
13	苗圃操作和园艺管理	信息处理1	竞技和娱乐营销（学期）	
14	植物学和土壤学及技术，高级	信息处理2	旅游和旅游学	
15	植物学和土壤学及技术，入门	商业中的因特网1		
16	焊接技术员	商业中的因特网2		
17		电　信		
18		文字处理1		
19		文字处理2		

　　而我们的课程规划过于强调步调一致。统一的课程培养出来的学生也是千人一面。2010年，上海学生首次参加PISA测试并且成绩排名"全球第一"，但是一些学者对上海参加PISA测试的学生成绩进行了进一步分析，发现中国的低端学生不低，高端学生不高，总体差距不大。这从另外一个方面显示中国教育的结果是把一千个人培养成"一个人"，通过整齐划一的课程，把原本各不相同的学生培养成"千人一面"。

　　当前的中国教育基本上都是为学校里少部分的学生服务的，能够适应这些课程的学生最终在激烈的竞争中脱颖而出，其他的学生作为"陪读者"，在学校花费了很多年的时间，最后大多以考试失败者的角色进入社会。

第三章

学校课程开发技术与策略

没有一个人能认识到自己天分中沉睡的可能性，因此需要教育来唤醒人所未能意识到的一切。（雅斯贝尔斯）

历史回眸：追问好的教育

　　学校进行课程规划与设计，首先要思考的问题是：教育最根本的目标是什么？我们到底想要什么样的教育？想要把孩子培养成什么样子？这些根本的问题往往被遗忘，我们被时代裹挟着向前，往往失去了自己的坚守与独立思考。时代在不断发展，人类却并不一定在进步。很多的变革，不仅没有超越过去，反而迷失在纷繁复杂的现在。

　　美国未来哲学家托夫勒曾在《为了明天，教育下一代》一书中，提出这样一种观点：如果我们想让未来社会变得更为美好，那就必须把我们对未来的所有期许放在今天的校园当中，今天不改变，明天是很难改变的，因为教育是关于未来的事业。[①]

　　什么是好的教育，是教育中最基本的问题，古往今来多少教育家都有过自己的论述，但是至今对这个问题都没有一个清晰的答案。英国哲学家怀特海说，学生是有血有肉的人，教育的目的是为了激发和引导他们的自我发展之路。[②] 杜威认为教育无目的，教育即生长。雅斯贝尔斯认为教育只能根据人的天分和可能性来促使人的发展，教育不能改变人生而具有的本质。但是，没有一个人能认识到自己天分中沉睡的可能性，因此需要教育来唤醒人所未能意识到的一切。[③] 皮亚杰认为：教育的首要目标是培养学生能够尝试新事物，而不是简单地重复前人已经完成的尝试，要培养具有创造精神的人。教育的第二位目标是培养批判思维，让儿童能够设法证实，而不是简单

---

① 杨硕.教育：怎样才能回归以人为本［N］.无锡日报，2014-09-19.
② ［英］怀特海.教育的目的［M］.庄莲平，王立中，译.上海：上海文汇出版社，2012：封面。
③ ［德］雅斯贝尔斯.什么是教育［M］.邹进，译.北京：生活·读书·新知三联书店，1991：65.

地接受展示在其面前的东西。现在教育中最大的危险就是喊口号、强调共性的观点。我们不得不一一对他们加以抵制乃至批判。

"发展"可以说是关于教育目的的讨论中被经常运用的高频词语之一，我们几乎每天都在说发展，每个人都在谈发展，但到底什么样的发展才是我们真正想要的教育目的呢？学生学习成绩的提高、考上好的学校、找到好的工作是不是就是发展了呢？能够发挥自己的潜能，找到自己想做的事情是不是就是发展了呢？能够自食其力，安居乐业，是不是也是发展呢？其实我们对发展并没有一个清晰的尺度，只是模模糊糊有着一些说不清道不明的直觉而已。所以，虽然很多的学校都打出了"为了每一位学生的发展"的旗号，可是他们在做的事情却往往大相径庭。

什么样的教育是好的教育？这不仅仅包括对教育目的的思考，还包括对教育过程的思考。好的教育应该是用好的教育过程来达到好的教育目的，它是过程与结果的统一。好的教育既要看到当下教育中学生的生活状态，又要考虑到未来几年、十几年、几十年学生的可能生活状态，它应该是现在和未来的统一，现实与理想的统一。

让我们来看看，教育专家、一线教师们是怎样理解和诠释什么是好的教育的。1924年，陶行知先生写了《半周岁的燕子矶国民学校——一个用钱少的活学校》一文，通过对燕子矶国民学校教育状况及丁超校长的描述，让我们感知到近一百年前，他们对什么样的教育是好的教育，什么样的学校是好的学校的朴素思考与实践。

半周岁的燕子矶国民学校——一个用钱少的活学校[①]

燕子矶国民学校的官名叫作北固乡区立第一国民学校，设在南京神策门外的燕子矶，离神策门约有十三里的路程。这个学校已经开了好多年，但他的新生命的起点是在今年正月。那时丁超调任这校校长，从事改造，为他开一新纪元。我们说他为半周岁，就是为这个新纪元说的。我参观这个学校是和本社乡村教育研究员、东南大学乡村教育教授赵叔愚先生同去的。我们走进这个学校，四面一望，觉得似曾相识。因为我们在这里所看见的都是我们

---

① 陶行知.半周岁的燕子矶国民学校——一个用钱少的活学校［N］.申报·教育与人生，1924（24）.

心目中所存的理想，天天求它实现而不可得，不料在这个偏僻的地方遇到，真是喜出望外。现在我要把我们参观所得的，报告出来，公诸同好。

校长是一个学校的灵魂，要想评论一个学校，先要评论它的校长。丁校长是陆军小学出身，并经过甲种师范讲习科的训练。未任本校职务之前，曾在尧化门国民学校充任校长八年，著有成绩。我们看他的人，听他的话，察他的设施，觉得他是个天才的校长。他能就事实生理想，凭理想正事实。他有事实化的理想，理想化的事实。他事事以身作则。他是教员的领袖，学生的领袖，渐渐地要做成社会的领袖。

这个学校不但教学生读书，并且教学生做事。做什么？改造学校！改造环境！学生是来读书的，教他做事，自己不情愿，父母不情愿。这是第一个难关。教员是来教书的，要他教学生做事，固不情愿，实在也是不会。这是第二个难关。教学生读书易，教学生做事难。如何打破这两道难关？一要身教，二要毅力。丁校长教学生做事的成功也是在这两点。他起初的时候整天拿在手里的是钉锤和扫帚。所以那时有人讲他是位钉锤校长、扫帚校长。但是久而久之，教员跟他拿钉锤扫帚了，学生也跟他拿钉锤扫帚了。教员变做钉锤扫帚的教员，学生也变做钉锤扫帚的学生了。丁校长于是开始协同教员学生合力改造学校，改造环境。

校址是在一个关帝庙里，关公神像之外还有痘神、麻神等等。这些神像已经把课堂占去了大半个。丁校长一方面要教课堂适用，一方面要免去地方反对，就定了一个保存关公搬移杂神的计划。他就带领学生为关公开光，把神像神座洗刷得焕然一新，并领学生们向关公恭恭敬敬的行礼。他再同教员学生把这些杂神的神像移到隔壁的庙里摆着。他们又把那个庙打扫得干干净净，把这些杂神安排得妥妥当当，大家也行个礼。杂神搬出之后，这个课堂又经过了一番洗刷，加了些灰粉，居然变了一个很适用的教室。村里的人看见关公开了光，杂神安排得妥当，又听见学生报告向神行礼的一番话，不但不责备校长，并且称赞校长能干。

校内干好了，进而求环境的改良。燕子矶即在近旁，他就带领学生栽树，从门口栽到燕子矶顶上，风景一变。造林场栽树，十活一二。丁君栽树，栽一棵活一棵，也是他从经验中得来的。燕子矶坡上因有人倒垃圾，太不洁净，丁校长就领学生们把所有的垃圾扫除一空。村民不知卫生，仍是时常把垃圾倒在此处。但村民一面倒，他就一面扫；村民倒一回，他就扫一回。后来邻居渐渐的出来责备倒垃圾的人，燕子矶头从此清洁了。

教学生做事的第一个影响就是全校无事不举：屋角上，桌缝里都可以看见精神的贯注。第二个影响就是用不着用人做事：打扫，泡茶，及一切常务都是大家分任，所以这个学校没有门房，没有听差，没有斋夫。第三个影响就是学生得了些合乎生活需要的学问：学生在学校里既肯做事，会做事，在家里也肯做事，会做事了；父母因此也很信仰学校了。第四个影响就是省钱：这个学校连校长有四位职员，五级学生共有一百二十四个人，但每年只花费公家六百二十四元钱。平均每个学生只费五元钱。学费是一文不收的。这是何等的省钱啊！省钱不为稀奇；省钱而有这样的成效，却是难能可贵的。

公家经费只有此数，设备一项宜乎因陋就简了。然而照我们所观察，比同等的学校好得多。就图书而论，这个学校里有教员参考书二十余种，学生读物四十余种，可谓选得妥当。

我见学生读物摆得有条有理，就问他买书的钱怎样来的。校长说每逢年节、午节、秋节，学生例送节敬，我们却之不情，就拿来买些书给大家读读。再学生有一种储蓄买书的办法：每天储蓄一两个铜板，我们就把这笔钱拿来代学生买书。这是一种大家买书大家看的办法。每人出几角钱，就可得几十块钱的书读。出校的时候，学生还可把自己的书带回去，这是穷学校阅书最好的办法。

我再举一个例。学生喝茶的茶杯总要每人一个才合卫生之道。平常小学都是用公共茶杯，很不妥当。燕子矶国民学校却是每生一个茶杯。每人从家里带一个茶杯来，放在学校里，自己洗，自己管，自己用。茶水每人每星期出铜板两枚合办。茶水是公共的，茶杯是个人的，都是由学生自备的。

这个学校的教职员是很勤劳的。校长自己也教四堂。校长薪金每月二十元。教员薪金十四元的一人，十二元的一人，六元的一人。他们星期日只放半天学，暑假完全不放，学生在学校里补习各种家常实用的功课。燕子矶多水，父母不放心，所以不大愿意学校放假，学校肯得依从父母有理性的心理，所以很得社会信仰。

平常办学，学校自学校，社会自社会，不要说联络，连了解也说不到。丁校长接事只有半年，对于燕子矶社会情形，了如指掌。他并能得地方公正绅士之信仰和帮助。学校因此无形中消除了好多障碍。

这个学校还给了我们一个很重要的暗示：乡村学校最怕的是教职员任职

无恒，时常变更。在这种情形之下，研究、设施都不能继长增高，真是可惜。丁先生所以能专心办学，一部分也是因为他的夫人能够和他共同努力。他的夫人也是本校的教员，特别担负女生的责任。她在这里服务是带一半义务性质。他们所组织的俭朴家庭同时是乡村家庭的模范。我想未来的乡村学校最好是夫妻合办。如果男师范生和女师范生结婚之后，共同担负一个小乡村的改造，也是一大快事，并是报国的要图。

我们再看看这个学校普通的进步：去年校中只有学生七十八人，今年已经加到一百二十四人；去年女学生寥寥无几，今年因丁夫人之教导，已经有三十余人了；去年本地有私塾四所，现在只有一所了。由此可见这半年进步敏捷之一斑。

现在办学的时髦方法：一是要求经费充足。有钱办学不算稀奇，我们要把没有钱的学堂办得有精彩，才算真有本领。二是聘请留学生做教授。有西洋留学生更好，西洋留学生中有硕士、博士头衔的更为欢迎。这个偶像是要打破的。像燕子矶这样一个学校，西洋博士能否办得起来还是一个问题；容或办得起来，我却没有看见过。

这个学校是有普遍性的。它可以给一般学校做参考。它也有缺点，但只是时间上的问题。我们很希望大家起来试试这种用钱少成绩好的活教育。

叔愚先生和我对于这天的参观，觉得快乐极了，也受了无限的感动。回时路上遇到了大雨，一身都是水了。只听着叔愚先生连说："值得！值得！值得！"

陶行知先生评价丁超校长能"就事实生理想，凭理想正事实"，说他"有事实化的理想，理想化的事实"。其实每个教育工作者，每一个校长都有自己的教育理想，关键是看这个理想是否源自实际，而不致脱离，成了纯粹的理想。"就事实生理想，凭理想正事实"明确了理想与事实之间的关系。理想应该在事实的基础上生发出来，不能是空想，而事实的发生发展需要理想的引领。

燕子矶国民学校认为好的教育不仅要教学生读书，并且要教学生做事。做什么？改造学校！改造环境！学生做事的第一个影响是关注学校内的各种细节。第二个影响就是用不着雇人做事，打扫、泡茶及一切常务都是大家分任，培养学生的自我管理能力。第三个影响就是学生掌握了生活的技能，在家里能帮父母分担家务，受到家长的信任。第四个影响就是省钱。而最大的影响就是通过全校师生的努力，改造了学校周围的环境与风气，产生了很好的社会效应。这样一种质朴实在的办学理念和作风，直到今天都值得我们学习和借鉴。从燕子矶国民学校的实践我们可以看到，好的教育与学校的硬件设施，与时代的经济发展似乎并没有太大的关系。

当前学校教育的办学理念大多浮躁功利，有关学校的办学定位、办学理念洋洋洒洒，追求与众不同，甚至有不少学校专门请"高人"来包装学校的"校训"，提炼学校的办学文化，却鲜有学校准备踏踏实实、认认真真地做一些实事。

什么样的教育是好的教育，是一个最朴素也最普通的问题，然而，事实上，这么多从事教育的人，又有多少人真正认真思考过这个问题，这个问题是不是用几句简单的话就能说明的呢？有些从事教育几十年的老教师，回顾和反思自己的教育，都会不断修正自己对好的教育的认识。传说中的神奇教师王金战曾有过这样的教育反思：

"神奇教师"的道歉 [1]

他"旗下"的55名学生，33人考进清华、北大，10人考进剑桥、牛津、耶鲁等世界名牌大学：他被学生称为"神奇教师""心灵导师"。他就是人大附中的数学老师，高三年级的班主任——王金战。

1978年，16岁的王金战从农村考入师范学校。毕业后，被分配到山东沂水中学，带上他的第一批学生。

2005年的"五一"节，他的第一届学生邀请他参加同学会。他当即从北京前往山东。因辗转调动，多年来他从未再见过他们。看着眼前的学生，王金战心里却很沉重。生活的艰辛、磨难，岁月的沧桑痕迹，明显地烙在学生们的脸上、手上。尤其一些女生，不过40出头，看上去竟像六七十岁的老太太。

他突然觉得很心酸，很对不起他们。他说："今天来到你们面前，我感到非常惭愧。因为以前的我，血气方刚，争强好胜，一味注重成绩，而不关心你们的其他方面……现在回想起来，我当时的很多做法，其实对你们是一

---

① 吕麦."神奇教师"的道歉［N］.扬子晚报，2008-07-15.

种伤害。如果现在，我再来教你们，我相信，你们每一个同学，都会比现在生活得更好，比现在更有出息得多。如果你们能让我，为你们孩子做点什么的话，我一定竭尽全力帮助他们。我这样做，不是为了你们，而是为对得起我自己的良心。"

为什么王金战被称为"神奇教师"？因为他惊人的"战绩"，因为很多人都认为能考进清华、北大、剑桥、牛津、耶鲁等名校就是教师的成功，学生的成功，教育的成功。我们没有看到，这惊人的"战绩"背后，教师和学生们付出的过程与代价，也没有看到，若干年后，这些曾经取得辉煌战果的学生们的真实生活状态，他们真的过得幸福吗？到底是成功重要还是幸福重要，抑或是成功和幸福都很重要？"什么是好的教育"其实在某种程度上，跟"什么样的人生是好的人生"这个问题一样复杂。

即使每天在从事教育，即使终身在从事教育的人也未必能想明白，教育的目的是什么。虽然我们嘴上会念叨着为了每一位学生的发展，然而，事实上，在潜意识里，我们还是会认为，考上好的大学，在社会上获得令人瞩目的成就或者比较高的地位才是令我们艳羡的教育结果。然而，这些看似被光环围绕的人却并不一定能够收获真正幸福的生活，那些看似被教育淘汰的学生，却用自己的方式在社会上安身立命，享受属于自己的幸福。关键是若干年后这些孩子的"幸福与否"从来没有能够进入"教育评价"的视野，任何对学校的评价、评比都是立足当下的，都是短视的，且注重结果而忽视过程的。

我们的教育总是容易在非此即彼的二元对立中徘徊，然而，生活是如此复杂，每个人都是如此不同，单一的教育愿景、单一的标准、单一的教育方式都是不可取的。在对学校的课程愿景进行整体规划前，我们到底有没有想清楚？有没有作出某种抉择？到底什么样的教育是好的教育？什么样的教育方式是好的教育方式？我们到底想用什么样的方式，追求什么样的教育过程和结果？是为了迎合当下教育评价的需求，让校本课程来为学校装点门面，还是沉下心来思考这些课程能给孩子的当下生活带来什么样的改变？随着时间的流逝和经历的沉淀，当我们过了十年、二十年、三十年再看看这些从学校毕业出去的学生，学校的课程在他们身上留下了什么样的印迹？

到底什么样的教育是好的教育，需要我们用百年的长远眼光去思索、去追寻。

文化寻根：课程愿景的生动勾勒

学校的教育思想史，是流淌着的传统与文化。传统文化属于过去，既是财富又是包袱。文化就是弯枝，能在外力的压迫下，弹出力量，体现文化的品性。学校课程的规划和设计，必须建基于学校自身的传统和文化之上，从学校的精神发展史中汲取丰富的营养。

当前学校的办学定位和事业发展往往缺乏长远的眼光，很多学校都有悠久的历史，但这些历史往往被锁在学校的校史陈列馆里，被悬挂在学校的过道走廊里，被印在各种学校的宣传纪念册上，他们更多以物化的、静态的方式存在，而没有成为流淌着的动态的文化影响学校的人和事。

也正是因为缺乏对历史、对传统的审视，缺乏文化根基的依托，很多学校的教育发展规划都是短视的、肤浅的、随波逐流的。学校每换一任校长，就会换一种发展思路，所以学校的发展缺少可持续性与坚持，总是在不断摇摆和变化。不少学校为了打造学校的文化，不惜重金邀请所谓的专家，为学校提炼各种理念、校训，斥巨资打造校园的文化景点，但结果往往是提炼出来的所谓的理念、校训大多是千人一面，缺乏特色，而且大多佶屈聱牙，除了装点门面之外，别无他用。学校打造的各种文化景点基本上也是大同小异，成人本位，学生不关注，也不感兴趣。

学校的课程规划首先是一个文化寻根的过程，作为学校的校长和领导者，怎样实现对学校课程的领导？校长必须以百年的眼光、百年的角度思考教育，坚守教育规律，并在坚守规律的同时，坚持"寻找属于自己的句子"。没有自己的句子，就没有自己的思想；没有自己的思想，就没有自己的文化；没有自己的文化，也就没有具有高度自觉的学校课程规划。

比如，江苏省锡山高级中学在进行学校的课程规划之前，校长唐江澎花费几个月的时间，认真学习和钻研锡山高级中学的百年发展历史。锡山高级中学的前身叫作匡村中学，匡村中学的创始人是匡仲谋，匡仲谋1926年制定了匡村中学的办学宗旨：自由研究，发展个性，培育实用人才。同时匡仲谋提出了学校的十大训育标准：

图3-1：十大训育标准

上个世纪20年代，匡村中学就坚持把建设校本化的课程体系作为实现教育理念的基本载体。依照政府制定颁布的课程标准，从学校实际出发实施"课程剪裁"。早在六七十年前，学校就将培养自主研究能力作为高中课程主要目标，并专设"研究科"课程，以工商研究、农桑研究、社情研究来落实课程目标。高中理科主要学科均选用国际一流水准的原版教材，教学过程实现了浸没式的英语教学，水平达到了与国际接轨的地步。

匡村中学各科教材来源分两种：一是采用课本，一是教师自编。其选材标准如下：

适合儿童生活环境的；适合儿童生活需要的；适合儿童心理的；能增强儿童经验的；适合儿童良性德性的；能引导儿童身体力行的；能启发儿童学习兴趣的；能陶冶儿童科学思想的；能培养儿童爱国观念的；能激励儿童民族精神的；多反复练习机会的；与各科有联络性的。

锡山高级中学在办学过程中，认真吸取了匡村中学留给他们的宝贵文化遗产，秉承近百年来学校的办学宗旨，以培养具有自由研究精神的学生为办学宗旨。当前，学校的校本课程建设、研究性学习、教学评价一体化的教学改革在全国都产生了重要的影响。这些教育理念和教育特色都是与匡村中学的教育文化一脉相承的。今天,"十大训育标准"仍然镌刻在锡山高级中学校园中最显眼的位置。在"十大训育标准"的基础上,结合时代和社会的发展需求,锡山高级中学提出了"生命旺盛、精神高贵、智慧卓越、情感丰满"的教育目标与理念。教育,作为一种文化的传承与创新,在锡山高级中学百年的实践探索中,得到了生动的体现。

具有课程能力的学校必须具有敏锐的战略眼光,在学校传统文化和教育积累的基础上,结合当前的社会发展形势、学校发展特点、学生发展需求等多方面因素,制定既立意高远,又符合现实发展需要,既有长远战略考虑,又清晰可操作的课程愿景。课程愿景会影响学校课程建设的整体发展方向,是判断一所学校是否具有课程能力的首要指标。课程愿景中很重要的一个维度是对"人的形象"的设计与描述。

比如吴江盛泽实验小学坚持培养"秀外慧中的阳光儿童"这一目标,并从两个向度将这一目标具体化。一个向度是着眼于孩子六十年的终身发展目标:好读书、知礼仪、健身心、远志向。另一个向度是着眼于孩子六年的学力发展目标:会倾听、善思考、厚基础、有潜能。深刻、清晰的课程愿景给全体师生和家长勾勒了一幅学生未来成长的蓝图,"秀外慧中的阳光儿童"宛如站在面前,看得见、摸得着、感觉得到。只有课程愿景通俗形象,才能使人产生强烈的共鸣和深度的认同。[①]

北京清华附小构建了独有特色的"1+X课程"体系,他们把课程目标确定为:努力为儿童打下学习的底子、精神的底子和健康的底子。具体描述为十个目标:一流好人格;一身好体魄;一生好习惯;一个好兴趣;一种好思维;一手好汉字;一副好口才;一篇好文章;一项好才艺;一门好外语。这十大目标简明扼要,通俗易懂,容易为师生理解和记忆,这样清晰可感的目标才有可能真正得到师生的认同,并在实践中被贯彻。

再比如江苏无锡蠡园中学将学校的课程目标界定为"三气"(见表3-1)[②]:

---

① 薛法根 . 课程领导力:把梦想卖给每个教师[OL] . 新浪博客,2011-04-19[2016-08-05] . http://blog.sina.com.cn/s/blog_4eeee2770100qjfm.html.

② 邱华国 . 学校课程设计:从"泰勒四个原理"到"五组核心要素"[R] . 上海,2014.

表 3-1 "三气"课程目标

孩子气		诗书气		浩然之气	
行为表征	内隐品性（基本品性）	行为表征	内隐品质（知识、能力、方法）	行为表征	内隐品质、品德（情感、态度、价值观）
爱 问	好奇心 求知欲 乐思维	有 知	基本生活常识 人文科学知识 自然科学知识	能 立	生命情怀 生活志趣
爱 玩	快乐心 探索欲 乐活动	有 识	智力 非智力 基本学习习惯	能 群	重要的家庭成员 良好的合作者 有责任的社会公民
爱做梦	自由心 创新欲 乐超越	有己识	独立思考能力 思辨能力 创新力 综合实践能力	能创造	科学精神 超越精神 创新精神 开拓精神 奉献精神

这些学校的课程目标定位既体现了学校的教育理念，又具有学校自身的个性与特点。对于学校要培养的"人"的形象的清晰勾勒是一所学校教育规划、课程建设的前提和基础。

素养奠基：国家课程的校本化

在学校的课程开发方面，很多人存在着认识的误区，认为学校的校本课程开发就是另外开发几门新的课程，编几本新的教材而已。其实，学校课程的开发最首要的任务是对国家课程进行校本化的二次开发，通过二次开发，保证能够开齐、开足、开好国家课程，从而为学生的终身发展夯实基础。其次，在当前的教育政策体制下，校本课程的课时数在学校整个课程体系中所占的比例还很小，因此提升国家课程的质量，优化国家课程的校本化实施是学校的首要任务。

一、国家课程校本化——填补落差的过程

在实践中，国家课程从规划设计到实际的实施，存在着很大的落差。理想的课程和学生体验到的课程之间的落差，是由于社会的分工造成的，课程标准是学科专家中的精英制定的，学科教材是由学科专家和优秀的教师们共同开发的，而教学则是由普通的教师所实施的，身份的差异、分工的差别使得普通的教师不可能像专家一样去思考问题，一千个教师就有一千个"哈姆雷特"，同样的文本由于教师的理解和实施的差异，最后到学生经验层面，就千差万别了。从另一个方面讲，课程设计得再美好，如果没有一线教师的真正理解和把握，就不会得到真正的落实，所以说"没有教师的发展，就没有课程的发展"。

课程标准是比较上位的指导性文本，它主要从学科特点、学生发展角度给出课程的基本目标、内容、教学建议和评价建议，离教材还比较遥远，离教师们平日里的一节一节具体的课就更为遥远。

教材都是极其精简的，它们是学科专家们在众多丰富的课程资源中精挑

细选的结果，在筛选的过程中，只有少数的优质资源被保留下来了，单薄的教材能够支持的往往也只能是单薄的学习。

"教材"与"学材"还是不同的。设计教材时，学科专家更多的是从学科课程的知识逻辑出发，较少考虑不同学生的心理结构、学习过程与特点。离开教师的指导，很多时候学生无法自主学会教材中的很多内容，也就是说教材设计与学生学习之间存在着较大的差距。

我们总是把教什么、怎么教的过多期望寄托在教师的领悟力与创造力上面，希望教师在教学过程中，凭借自己的领悟力和创造力，既能准确把握课程标准的要求，也能创造性地引入丰富的资源，使得教材从单薄走向丰厚。然而，实际情况是教师的水平参差不齐，课程专家设计课程的意图在很多时候难以为一线教师所理解。很多的教师只会死守教材，亦步亦趋，教学就变成了枯燥无味的过程。不同教学水平的教师之间的差距很多时候都来自教师对课程本身理解和把握的程度不同。

为此，国家课程校本化是一个尝试填补课程标准—教材—教学—学生之间落差的过程。在这个过程中，我们首先要把很多模棱两可、模糊的课程标准进一步清晰化、操作化，把单薄的教材立体化、丰富化，尽量还原学科课程本有的面目。我们还需要从学生的角度，把"教材"转化成"学材"。教师需要树立课程观，眼中有课程，把握好课标、教材、教学和学生发展之间的关系，牢记课标的根本要求，灵活使用教材，拓展各种课程资源，根据学生的需求进行创造性教学，从而最大限度地促进学生的发展。

二、从"教材"到"学材"：课程的心理化改造

从"教材"到学生的"学材"的转变，需要经过对国家课程的心理化改造的过程。近几年来，随着杜郎口中学、东庐中学以及洋思中学等一批薄弱学校的崛起，"导学案"越来越受到大家的青睐，虽然其叫法各有不同，比如导学稿、讲学稿、学案、预习稿、前置性学习、学习单、活动单等，但是基于"导学案"的课堂教学模式渐渐成为当前基础教育的主流。

导学案为什么受到大家如此热捧？人们给出的理由往往是导学案的利用有利于改变学生的学习方式，帮助学生学会自主学习，提高课堂教学的有效性。在实践中，导学案的使用的确取得了显著的成效，特别是学生的考试成

绩得到了很大的提高。但是，导学案的形式和内容却也各不相同，有以试题训练为主的导学案，有提炼教学中重要活动，促使学生通过主动参与等丰富的活动形式进行学习的活动单，有通过问题链设计引导学生主动探究的学习单，虽然都是导学案，但其背后支撑的理念却并不完全相同。

就导学案本身而言，它的出现是教学过程中的一大技术进步。导学案的实质是学校和教师对国家课程的校本化。从"教材"到"导学案"，其实是从"教师的教"走向"学生的学"，从"教材"走向"学材"，从学科课程的知识结构走向学生学习的心理结构的过程。

导学案本身就像是教师们为学生搭建的一座桥梁，具有重要的积极意义。通过全校性的导学案的研制，有利于参差不齐的教师群体发挥最大的教学智慧，通过教师之间的合作，共同填补从教材到学生学习、考试评价之间的巨大鸿沟。导学案的出现使得学生能够有更多的可能实现自己的独立学习，是学生学习过程中的重要学习支撑，类似于建构主义学习中的教师为学生搭建的重要"脚手架"，有利于学生实现知识的自主建构。就这点来说，基于导学案的课堂教学改革，既符合教育教学规律，也符合国家和社会对教育的要求，还与新课改的理念十分一致，应当成为未来我国课堂教学改革的方向之一。

但是，导学案也有明显的问题。通过大量的课堂观察以及学校考察，我们会遗憾地发现，当前许多学校导学案的研制、使用以及基于导学案的课堂教学还存在不少问题。其中，最为突出的问题表现在以下几个方面：一是导学案的编制囿于学科教材知识的掌握，把学生限制在"书本"知识的学习上。丰富多样的课堂教学形式蜕变为"做导学案""讲导学案"的过程，课堂教学变得枯燥乏味。二是某些导学案助长了学校应试教育的倾向。有些学校的导学案内容其实就是一张张稍微变了脸的练习试卷。三是导学案的研制及其使用主要由教师"操控"，并未体现真正的自主课堂。四是导学案的设计基本上还是追求整齐划一，相对忽视学生的差异和个性，也不利于教师教学风格的彰显。[①]

总的来说，导学案是国家课程校本化的一个重要载体，学校应该充分应用这一技术，从学校教育哲学、学科课程标准的高度出发设计导学案。导学

[①] 吴永军．关于"导学案"的一些理性思考［J］．教育发展研究，2011（20）：6-10.

案的设计不能仅仅定位于学生的考试，而要定位于学生的全面发展。每一门学科的导学案制定首先要从"人的培养"这一上位的问题出发，其次再从学科角度出发，理清本学科在三维目标方面所要达成的目标，而不能仅仅局限在学科知识掌握的层面。思想的高度往往也决定了导学案所能达到的层次。导学案不能仅仅局限在试题的筛选和精简上，更要加强对学生学习心理的研究，通过导学案，促进学生真正自主、探究式地展开学习。

导学案应关注学生学习的思维过程与学习结果，强化重要基础知识点和能力训练点、过程方法的展示、反思质疑、个别化指导等。相对弱化对学生学习流程、步骤的线性约束，给学生充分选择、进行个性化学习的权利。

导学案的设计还要根据学科特点，拓展和丰富课程资源，引领学生跳出单薄的教材束缚，接触内涵丰富的学科领域。

总的来说，导学案的正确运用，能够为国家课程的校本化实施，教材的心理化改造提供很好的实践。

三、从"知识逻辑"回归"人的发展"

国家课程主要是按照学科来划分设置的，国标教材也主要是围绕学科的知识逻辑来编写的。这种学科课程的设置、学科教材的编写遵循的主要是一种"知识逻辑"，因此，国家课程校本化实施的核心精神应该是从"知识逻辑"中跳出来，站到"人的发展"的角度来思考怎样来通过知识的学习促进人的发展。

清华附小校长窦桂梅带领她的团队开发了小学各学科的质量目标手册，就是国家课程校本化的一个生动案例，在这个案例中，我们可以看到，质量目标手册与学科教材最大的区别，就是从"知识逻辑"回归"学生的发展"。以下是清华附小开发《小学语文质量目标手册》的案例①：

通过多年的教学，窦桂梅深深感到只在"怎样教"上用力，是不能从根本上改变教学的。"教什么"是第一位的，"怎样教"是第二位的。要想大幅

---

① 佚名.窦桂梅和清华附小的《小学语文质量目标手册》[OL].道客巴巴，2015-03-04[2016-08-05].http://www.doc88.com/p-1488573898762.html.

度提高语文教学的实效性，首先要解决"教什么、学什么"的问题。而且，《语文课程标准》中的教学目标不够具体，教学内容不够明确，评价建议不好操作，各版本教材的训练重点若明若暗。要想办法使小学语文教学目标真正姓"小"，使教学内容比较明确，使教学评价易于操作，最好能把教学目标、教学内容、教学策略、教学评价联系起来，使每一位小学语文教师都清楚教学要到哪里去，都明晰具体的教学内容、教学手段和检验方法，即如何加强目标的明确性、内容的时效性、评价的客观性。

研制《小学语文质量目标手册》的第一步是，要找准切入点，明确小学生在语文学习上应达到的目标。窦桂梅从优秀小学毕业生具有的语文素养的种种表现中受到启发，提出了简单、明确的"三个一"的质量目标，即一手好字、一副好口才和一篇好文章。

一手好字包括识好字和写好字，提出了各年级、各学期具体的识字目标和写字目标。提出一手好字的质量目标，体现了低年级语文教学以识字、写字为重点，也表明了汉字的识与写，是语文学习的奠基工程，贯穿小学一至六年级，是应常抓不懈的工作。

一副好口才既是语文素养的一个重要方面，又是每个人应具有的基本素质。倾听、表达、应对是三个重要方面。通过小学阶段的训练，要做到听得清楚，说得明白，善于沟通与交流。

一篇好文章包括读懂一篇好文章和能写一篇好文章。在阅读中着重培养提取信息的能力，作出解释的能力以及进行评价的能力。此外，在阅读数量、阅读方法、阅读习惯、阅读能力等方面，也提出了有梯度的要求。

上述"三个一"的质量目标，是窦桂梅"主题教学"的质量核心，构成了研制手册的基本框架。它不仅回答了"达成什么目标"的问题，而且在一定程度上回答了"教什么、学什么""怎样教、怎样学"以及"如何评价教学"的问题。

接下来，窦桂梅和她的教师团队围绕"三个一"的目标，深入进行主题教学的分项研究，重点研究了以下五个板块。

主题识字。研究在"主题教学"背景下，利用多种行之有效的方法识字，激励学生自主识字，指导学生有步骤地练习写字，其最大特色是，渗透汉字文化，激发对祖国文字的热爱之情。

主题讲读。以教科书中的精读课文为主要的研究对象，从课文中提炼主题，以主题带动阅读指导与训练。学生不仅"得意"，而且"得言""得法"，逐步形成正确的价值观，提高阅读品位，培养读写能力。

主题阅读。使阅读由精读的点到略读的面，由阅读"个例"到阅读"群文"乃至读整本书。可以是一篇带多篇，一本带一本甚至带几本。阅读没有一定量的积累，很难实现质的飞跃。清华附小不仅规定每学期必读和选读的书目，而且从课程安排上做到了课内外阅读的贯通，实现了"课外阅读课内化"。

主题诵读。做到专辟时间，日有所诵。既吟诵古典诗文，又朗读现代诗歌、散文。学生在诵读中思考，同时又积累语言、培育精神。

主题作文。从低年级到高年级，围绕一个个主题，形成了由绘本创作，看图作文，写景、状物、记事、写人作文，话题作文，想象作文，诗歌创作，应用文写作等组成的作文训练体系。不同年段还开发了多种多样的习作策略。如绘画日记、接力日记、语言积累本、生活速记、人物素描等，使习作既源于生活又高于生活。

在以上五个板块的研究中，窦桂梅逐渐积淀了一些好的教学方法和策略，积累了一批成功的课例，越来越明晰了"三个一"在各年段的教学要求。

研制团队还花费大量时间和精力，认真研读了北师大版、人教版、苏教版的语文教材，梳理了教学内容，提炼了训练重点，提出了具有普适性的语文教学内容。

从2002年开始，清华附小语文教师团队在窦桂梅的带领下，历时7年，终于研制出一整套适合各个版本教材教学、质量目标清晰具体、教学内容丰富厚重、教学策略实用灵活、教学评价简便易行的《小学语文质量目标手册》。手册的评价体现了"全面评价、全程评价、全员评价"的理念。特别是在评价标准方面，既明确了要求，又具有很强的操作性。

《小学语文质量目标手册》不是从教材逻辑出发，而是以学生语文素养的提升和发展为目标，所有的内容、实施、评价都指向学生的发展，在这一国家课程校本化过程中，真正体现了课程逻辑向人的发展的转变。

窦桂梅和她的团队的实践，在学科课程的校本化实施上，给了我们很好的借鉴。当前，很多学校都在做学科课程的"课程纲要"，《小学语文质量目标手册》其实就是学科课程实施纲要中的一个典范。

四、从"整齐划一"走向"选择""适应"

国家课程是由国家统一规定的，整齐划一的，但是国家课程的校本化实施需要我们在"整齐划一"中追求"选择""适应"。每一个孩子在国家课程的学习上水平不同、要求不同，进度也不完全相同，比如有的孩子对数学特别感兴趣，他们对课程内容的要求远远超过了教材的范畴，统一的课程内容让他们总感觉吃不饱，有的孩子学习数学本身比较吃力，只想掌握基本的数学知识，怎样让学生能够找到适合自己的学习内容和学习节奏？实践中，也有不少的学校展开了探索，比如北京十一学校，将所有的学科课程分成不同的等级，让学生根据自己的具体情况进行选择。

再比如上海育才中学，为了适应不同学生的学习需求，将必修的学科课程分为不同层次的内容并引入了"学程"的概念。所谓"学程"，就是学校根据学生学习规律、学科内在结构的特点，将每学期划分成若干个学习阶段。每学期3个学程，高一、高二两个学年，共计12个学程。一个学程的教学时间为5周，其操作的基本要点是：一个学程完成若干门学科各一个模块学习；不同的学科设计不同的学程数；若干不同的学科在同一学程中的课时数相同。其中，语、数、外、体育四门学科每个学程都开设，学习18个学程，物理、化学学科在高一、高二的每个学程都开设，学习12个学程。每个学程学生自主选择相应学科模块，实行跨年级走班教学。学生根据自己的实际水平选择不同层次的学科教学内容，从而实现了国家课程的选择性和适应性。据调查反馈，实施"学程"以来，有47.2%的学生认为自己的学习自觉性有提高；有72.5%的学生认为通过学程学习，自己规划协调学习的能力有所提升；有39.8%的学生通过课程学习掌握了自学的方法。[①]

综上所述，我们可以对国家课程校本化的主要任务作一个概括：

一是从"教材"到"课程"。用联系的眼光，将相互割裂的课程标准、教材、教师的教学和学生的学习整合起来考虑，明确课程的目标、内容、实施、评价，并保证这几个要素之间的内在一致性。摆脱教材的束缚，站到课

---

① 钱钰. 育才中学学生按"学程"自主选择学科模块［N］. 新闻晚报，2011-11-16.

程的高度看待"教"与"学"，拓展教学内容和资源，对教材进行拓展和延伸，为学生提供更多、更丰富的课程资源。

二是从"教材"到"学材"。建立教材结构和学生心理结构的联系。国家课程基本上是从学科知识的角度出发进行设计，虽然也考虑了学生的学习特点，但是总的线索还是学科本位、内容本位的，国家课程校本化的一个重要任务就是在学科知识与学生的学习，特别是学生的心理结构之间建立联系。

三是具体化和操作化。针对课程标准太过于模糊的缺点，进一步分解课程目标，明确教学内容、教学建议、评价方法与策略等，特别是明确每个年级学生的能力发展标准以及评价标准，从而使得教师明确到底要教什么，教到什么程度。

四是分层与个性化。使统一的国家课程得以适应不同水平学生的需求。

整体架构：课程结构的"大手术"

课程的组织结构简称课程结构，是指把学生在校的学习时间分成各部分，在不同的学习时间安排不同的课程类型，由此形成一个课程类型的组织体系。课程结构对应的是学生未来发展的素质结构，设计理想的课程结构的基本前提是探究课程类型之间内在的联系。

当前学校课程的结构存在着一些共性的问题：

第一，知识性、学科课程为主，经验类、活动类课程不足。学科课程强调知识的系统性，忽视学习者的兴趣。而且，学科课程把学生局限在科学世界里。在课程目标上，知识目标至高无上。课程设计不能关照学生的生活世界，缺乏生活意义和生命价值。

第二，选择性不够，无法照顾每一个孩子的差异与需要。新课程改革虽然为地方课程和校本课程开发留出了一定的空间，但是，整体来讲，学校的校本课程基本上也都是以必修为主，学生能够自由选择的课程很少，课程的选择性远远无法满足不同孩子的不同需要。

第三，课程门类中知识灌输类的课程多。学校大部分的课程都是知识灌输型，缺乏探究性。

第四，课程缺乏开放性，学生没有自主建构课程的空间。学校的课程体系中，孩子能够自主建构、自主发展的空间很少，所有的课程基本都是由成人设计好的。综合实践活动课程是整个课程体系中少有的能够让学生根据自己的兴趣选择研究的问题，自主建构和生成的课程，但在实践中，综合实践活动课程的推进也是举步维艰。

第五，课程相对稳定和滞后，无法及时反映时代的最新发展。学校的课程基本上是相对稳定的，变化的周期很长，即使是学校开发的校本课程，一旦有了校本教材，基本上在很长时间内保持不变，很难及时反映时代的发展和学生需求的变化。

　　针对当前学校课程结构缺少丰富性、选择性、活动性和探究性，学校课程规划和设计要进行改革和优化，设计课程结构的主要任务是整合、优化和系统化学校的课程。学校课程结构的整体架构就像"动手术"的过程，需要对已有的若干课程进行重新整理和归类。（如图 3-2）

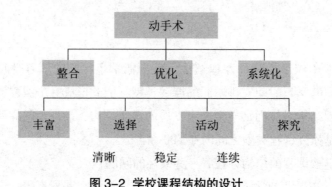

图 3-2　学校课程结构的设计

　　除了国家课程之外，当前学校的课程大多处于碎片化的状态，学校缺乏对课程的系统设计和整理，很多课程之间存在着交叉、重复，缺乏整合。比如说综合实践活动课程往往跟学校的传统活动项目、校本课程开发有很多重复的地方，综合实践活动还跟德育、科学教育有交叉的地方。如何有效整合各门课程，形成培养学生的合力，如何针对学校课程结构的缺点进行针对性的优化，在整合、优化的基础上形成相对稳定、清晰的课程框架，对于明确学校教育的方向，促进学校的可持续发展有着重要的意义。由于教育领域内的师资流动机制，校长和老师在一定的周期内都会产生流动，如果缺乏相对稳定的课程结构，很难想象在频繁的流动中，学校始终能够朝着自己坚持的方向一以贯之地前行。

　　在搭建学校课程框架，给学校课程结构动手术的时候，人们往往会为各种课程范畴所困扰，国家课程、地方课程、校本课程、活动课程、经验课程、综合课程、分科课程、综合实践活动课程……新课程改革以后，各种各样的课程概念纷至沓来，使得本来就对课程缺乏了解的教育工作者感到混乱和迷茫，这种混乱和迷茫也体现在教育实践中。为此，搭建清晰规范的课程框架，首先就要明确各种课程范畴的内涵与界限。

一、课程的基本类型

依不同的标准划分，可以有不同的课程范畴。

1. 学科课程和经验课程

按照获得的知识是直接经验还是间接经验，可以划分为学科课程和经验课程。

所谓学科课程，是以文化知识（科学、道德、艺术）为基础，按照一定的价值标准从不同的知识领域选择一定的内容，根据知识的逻辑体系组织的学科。

学科课程是最古老的、使用最广泛的课程类型，优点是：有助于系统传承人类文化遗产；有助于学习者获得系统的文化知识；有助于组织教学与评价，便于提高教学效率。缺点是：忽视学生需求经验和生活；忽视当代社会生活的现实需求，强调悠久的学术传统；容易导致单调的教学组织形式和讲解式教学方法；变革起来难度较大，学科课程体现不同社会群体的利益，既得利益者会抗拒变革。

所谓经验课程，也称"活动课程""生活课程"或者"儿童中心课程"，是以儿童的主体性活动的经验为中心组织的课程。经验课程的优点是：扭转了千百年来把课程视为学习者的控制工具的局面，主张把人类文化遗产以儿童的经验为核心整合起来，强调教材的心理组织；主张将当代社会现实以儿童的经验为核心整合起来，摆正了儿童的人格发展与当前社会生活的关系。缺点是：容易导致忽略系统的学科知识的学习；容易导致活动主义，忽略儿童思维能力和其他智力品质的发展；经验课程要求教师具有相当高的教育艺术，对于习惯班级授课和讲解式教学的老师来讲，难以适应。

2. 分科课程与综合课程

分科课程是指从不同门类的学科中选取知识，按照知识的逻辑体系，以分科教学的形式向学生传授知识的课程。

综合课程是有意识地运用两种或两种以上的学科知识观去考察和探究一个中心主题或问题的课程。根据综合的程度，可以分为科际综合课程、多学科课程、跨学科课程、综合课程、主题课程。

综合课程的优点是：在综合课程中，文化或学科知识发展是彼此关联的、学生发展与社会息息相关，学生的心理发展具有整体性。缺点在于知识的琐碎性，综合课程开发与实施的技能要求比较高，教师一般都是在分科课程中成长起来的，其知识背景难以胜任综合课程的教学，学校的结构设置也是主要为分科课程服务的，教育的评估还是以分科为主。

3. 必修课程与选修课程

根据课程是不是具有选择性，可以分为必修课程与选修课程。最早实行选修课程的是德国著名教育家洪堡1810年创办的柏林大学，选修制度传到美国后迅速发展。从各国的课程改革看，在初中阶段，有尽量扩大学生自选学科机会的趋势。在高中阶段，有扩充综合性学科，形成特色课程的趋势。选修制度是个性化课程的重要构成，必修和选修体现了公平发展和个性发展的关系。

4. 显性课程与隐性课程

显性课程是学校情境中以直接的、明显的方式呈现的课程。在大多数情况下，显性课程是学校教育中有计划、有组织地实施的正式课程或官方课程。隐性课程是学校情境中以间接的、内隐的方式呈现的课程。隐性课程常带有非预期性、非计划性，以非正式的、非官方的课程形式呈现，具有潜在性。

隐性课程的概念最早是美国学者杰克逊在1968年出版的《班级生活》一书中首先提出的，如果说显性课程是学校教育中有计划、有组织地实施的正式课程或官方课程的话，那么隐性课程则是学生在学习环境中所学习到的非预期的或非计划的知识、价值观念、规范和态度等。他认为隐性课程与非学术要求相关联，是每一位教师和学生在学校内取得成功的关键。群体、表扬、权利形成了学校隐性课程的基本结构。班级中的隐性课程有助于学生适应现代社会的要求与秩序，使得学生养成与社会要求相适应的态度、倾向、忍耐和纪律感，从而胜任未来的成人角色。学校不仅再生产了劳动的社会分工，而且再生成了更广泛的社会阶层结构。教育是制造差异和不平等的工具。

隐性课程涵盖的范围很广，在物质层面上，包括学校的建筑、教师的布置、桌椅的排列、校园环境等；在行为层面上，包括学生间的交往、教师间的交往、师生间的交往、教师与家长的交往、社区与学校的交往等；在制度层面上，主要有校风、办学方针、教学风格、教学观念等。

5. 国家课程、地方课程和校本课程

按照课程的开发权力主体的不同，可以分为国家课程、地方课程和校本

课程。开发权力在国家的称为国家课程，开发权力在地方的称为地方课程，开发权利在学校的称为校本课程。从这里我们可以看到综合实践活动课程与校本课程的区别。综合实践活动课程属于经验课程、综合课程，它是国家规定、地方管理的必修课程，但是开发的主体却主要在学校。综合实践活动与校本课程有部分的交叉，但是校本课程的外延会更大一些，校本课程既可以是经验课程、综合课程，也可以是学科课程、分科课程，可以是学科课程的拓展和延伸。所以说，综合实践活动课程可以与校本课程进行整合实施，但却不能相互替代。

二、课程结构的设计

1. 灵活运用各种课程范畴，整体绘制课程结构地图

不少学校在进行课程规划时，形成了不同的课程结构地图，充分体现了学校的办学特色。比如南京师大附中江宁分校的课程结构[①]，学校从综合—分科、必修—选修、学科—活动三个维度进行课程建构（如图 3-3）：其中校本课程的架构又从校本必修、校本选修两个维度进行设计（如图 3-4）；此外，学校还重视学科立体课程结构的打造，比如高中语文课程又分别从校本必修、校本选修、活动课程三个方面进行设计（如图 3-5）。这样一来，形成了学校丰富而具有选择性的立体课程群，充分体现了学校课程规划的水平和办学特色。

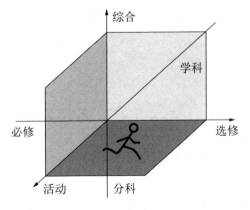

图 3-3　学校课程规划的三大维度

① 杨九俊. 学校课程能力建设［M］. 南京：江苏教育出版社，2013：219-224.

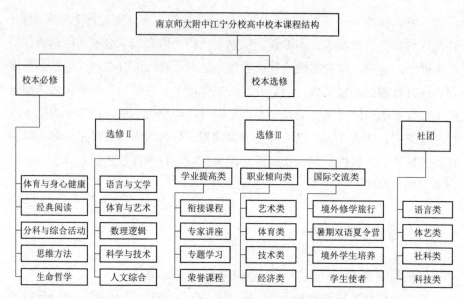

图 3-4　校本课程的结构设计图

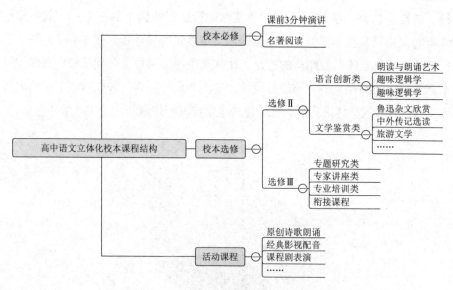

图 3-5　高中语文立体化课程结构设计图

　　从以上案例中可以看到，在进行课程规划时，首先要理清不同的课程范畴之间的关系以及它们的特点优势，其次要善于运用图表的方式来展示各种课程类型和范畴之间的关系，这样才能使得学校的课程规划科学合理而又清晰明白。

下面，再给大家呈现一个可资借鉴的课程结构设计案例：

了解所有课程 （必修课程）	感兴趣，喜欢的课程 （年级选修课程）	持续喜欢的课程 （个人选修课程）
基础性课程 80% （完满生活者课程）	拓展性课程 10% （终身学习者课程）	发展性课程 10% （快乐游戏者课程）
语文	喜剧	戏剧社
数学	思维	思维乐园
英语	听说	视听说乐园
音乐	合唱、打击乐	合唱团、管乐团
体育	篮球	运动营
美术	纸艺、软陶、Flash	艺术营
科学	小实验	科技营
品德	哲学	活动社（少先队、群育活动）
综合实践（信息技术、公益活动、实践）	家政、小研究、木工坊	

依据学生喜欢，满足持续学习的愿望

满足个性，持续喜欢的课程学习

图 3-6：首都师范大学附属小学童心课程[①]

2. 将课程规划的重点放在学生素质结构的优化上

课程的结构其实就是对学生素质结构的设计与预期，学校在对课程进行整体规划时，不可能样样兼顾，要重点突出对学生知识结构与能力结构的优化。在设计学校课程体系时，应以发展学生的能力为主线。当前学生素质结构最突出的问题就是综合解决问题的能力比较薄弱、动手实践的能力欠缺、缺乏创新意识和创新能力、缺乏学习的内在动力，学生感受不到学习的乐趣，没有持续学习的愿望，社会公德意识差等等。学校的课程规划要紧密围绕学生的这些普遍性的缺点，并且也要通过调查、访问等形式了解本校学生素养结构方面的突出性问题，进行课程的专门设计和开发，这样课程规划的针对性才会更强，更有利于促进学生的发展。在选择学校课程内容时，除了

[①] 宋继东. 为童年设计：创造让学生喜爱的课程——首都师范大学附属小学童心课程简介［J］.基础教育课程，2014（11）：31.

知识性的内容外，更应通过丰富的活动、综合性课程的设计来优化学生的素养结构。

3. 课程结构的设计要灵活而富有弹性，体现扬长避短

学校的课程结构应富有弹性，学生年级越高，课程的设计和规划越要具有开放性和选择性。其次，这种弹性还体现在学校的课程规划并不是一劳永逸的事情，必须在实践中不断修正、完善，不断根据时代的发展和学生需求的变化而进行持续的调整。

此外，认清形势、扬长补短也是学校课程结构设计必须遵循的重要策略，在规划时要对学校现行课程的实施成效、教师现时的教学感受和体会、教师对学校课程未来发展路向的意见和建议、家长和校董会的意见进行充分的了解，分析学校课程发展的优势、弱项和发展可能。课程规划不是学校课程理念的全面革新，也不是对教师过往教学意念和行为的全盘否定，而是要以现在为基础，逐步发展和完善。把握现在、展望未来的课程改革在学校中才会有其真正的可行性。

4. 课程范畴之间的"交叉"是不可完全避免的

在课程结构的设计中，我们会发现不管如何划分课程类型，总会有部分课程之间存在交叉，特别是在当前教育背景下，综合类课程、活动类课程受到大家的广泛关注，学校不仅有大综合课程，如综合实践活动课程，还有小综合课程，比如品德与生活、品德与社会，每个学科内也有一些基于学科拓展的综合课程。在划分课程范畴的时候，很难做到完全不交叉。其实，学校的课程的设计本身就应该面向学生完整的生活，体现生活的丰富多彩。所有的课程类型和范畴都只是一种人为的划分和割裂，因此，学校在设计课程结构时，不必过分追求理论与概念逻辑上的严密，只要做到各种课程之间相对清晰、分工明确，就可以了。

教学变革：唤醒学生的课程"自主"

学校的教学变革是落实课程变革的关键，如果没有指向学生学习方式转变和个性化学习的教学改革，无法激发学生自主学习的热情，唤醒学生的课程"自主"意识，那么再多的课程规划与设计，对于学生来说也没有实质的意义。

上海教科院顾泠沅教授曾经在全国第四届课程与教学改革论坛中介绍：上海青浦地区进行了多年的教学改革实验，在全国产生了重要影响。在1990年至2007年跨度长达17年的教学改革中，他们对8年级全体学生（4000人左右）进行测试，按能力目标四层次架构作分水平分析发现：17年来，学生操作与了解的水准大幅度提高；常规运用水平的目标已基本达成；但是，探究性水平即分析问题和解决问题的能力，尚无明显提高。（如图3-7所示）

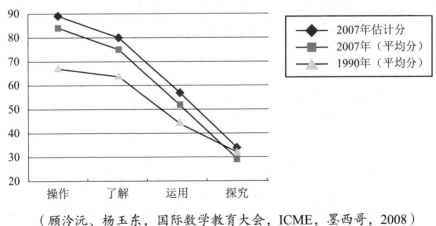

（顾泠沅、杨玉东，国际数学教育大会，ICME，墨西哥，2008）

图3-7 青浦区学生学习结果分析（1990—2007）[①]

---

① 顾泠沅.基于课堂改进的教师在职学习［R］.上海，2014.

顾泠沅教授认为，当前学校课堂要求总体偏高，学生负担重，不少学生疲于应付，成长空间显得狭小。学生独立分析和探究的空间常被窒息，被教师替代。很多学生没有学习的兴趣和幸福感。主要症结在于：第一，学生不会自学。学习要靠每位学生的自觉行动，这种自觉有两个起点——自读（书中学）和自做（做中学），教学要摆脱灌输式，非得凸现这两个起点不可。第二，班级划一要求缺少针对性。教师要顾及40余人的班级集体，但往往对每位学生如何动起来、如何面对他们的个体需求（基础、特点、差别），尚需理清思路、寻求具体的行动方式。

教学方式的改革是课程蓝图得以有效落实的重要保证，如果只是简单增设几门课程，没有教学改革的跟进，学校的课程蓝图就会变成空中楼阁、镜花水月，得不到有效的落实。比如美国的托马斯·杰弗逊科技高中，与多层次、多类型的以科技为核心的课程设置相对应的是以培养探究能力为核心的教学目标，以问题解决为核心的教学模式，每节课90分钟，核心是问题解决、交流、合作，鼓励小组合作学习。再比如江苏省锡山高级中学，与丰富的校本课程体系相对应的是教、学、评一体化教学系统的整体建设。

当前很多学校都着力开发校本课程，打造具有学校特色的课程体系，这些学校开发的校本课程名称听上去都很具有吸引力，名目繁多，令人目不暇接。可是，真正走进这些校本课程的课堂，却有一种一下子从理想的云端跌落到现实中的失落感，因为这些所谓的课程，大多仍然延续着教师教、学生听的传统教学方式。

上海曾经有一所学校，开发了名目繁多的校本课程，为每一位学生选择课程提供了可能。但是，在对学生进行课程满意度评估的时候，结果显示，最受学生欢迎的课程满意度居然不超过5%。这些学生在访谈中如此说道：因为这些校本课程跟平时的学校课程是一样的，只是在平时的学校课程中加了几门课而已。

由此可见，如果没有教学方式的转变，学生仍然处于被动接受的地位，学生认识不到这些课程的意义价值，学校开发的校本课程可能只会在原有的基础上，起到增加学生负担的作用。提升学校校本课程的品质，激发学生学习的主动性，需要教学方式的变革。

当前，基础教育的实践中涌现了一大批教学改革的典型，比如说洋思中学、杜郎口中学、东庐中学等等，各种教学模式名目繁多。有对这些教学模式嗤之以鼻、尖锐批判的，也有盲目追捧、照搬移植的。但是不管怎么说，这些教学模式都在实践领域产生了巨大的影响，特别是在提升学生的考试成绩方面，取得了明显的成效。认真比对这些教学模式，我们会发现，其实虽然提法各不相同，却有着很多共同的规律可循：

尝试教学法：先练后讲，练在当堂

洋思经验：先学后教，当堂训练

杜郎口经验：预习展示，反馈达标

青浦经验：尝试指导，反馈矫正

八字教学法：谈谈议议，练练讲讲

后茶馆式教学：强调八字教学法的灵活运用

魏书生六步教学法：定向、自学、讨论、答题、自测、日结

这些不同的教学模式基本上都强调以下三点：一抓尝试自学（探究、自主）；二抓练习达标（练习、反馈）；三抓精准教学（前测、指导）。这三个方面其实也反映了教学改革的基本规律和走向，虽然各种模式都有利弊，但这三点基本的规律还是值得我们所有的教学借鉴的。

国际教育评估组织在比较了各国的教学改革后，得出这样的结论——理想的课堂应该具备以下三个特点：一是挑战性欲望和高层次思维；二是合适的安静的时间，让每个孩子都能有学习的机会；三是针对性教学。

教学改革的意义在于唤醒学生自主学习、自我发展的主动意识，有了教学改革的支持，学生才会有主动选择课程，为自己设计未来的意识。很难想象一个在平日的课堂教学中总是被动接受、麻木听讲的学生能够在校本课程体系中像换了一个人似的，主动而积极，因此，没有教学改革的配套，学校开发的课程品质难以得到保证，课程的效果也无法真正得到体现。另一方面，如果没有课程改革的配套，学校的教学改革也难以取得更大范围的成功。这些知名的教学模式都是在"正确地做事"，虽然在很大程度上变革了课堂的教学秩序和结构，但是，基本每一种模式都是将教学内容排除在外的抽象的教学过程、教学步骤、教学方法的提炼。然而，事实上，不存在脱离教学内容的纯粹的教学方法，也不存在脱离教学方法的单纯的教学内容，在

教学实践中，"教什么"和"怎么教"是不可分割的两面，如果没有上升到课程的高度来思考教学模式的变革，这些抽象的模式始终漠视不同学科知识的差异，始终局限在学科知识甚至是教材的范围内，那么这些模式的功能和效果也是具有巨大的局限和弊端的。

规范循序：体现"精神核心"的技术

学校的课程开发有一些基本的规范和程序，看似是对技术的强调，但是认真审视、探究这些规范和程序的背后，发现它们真实体现了一定的合理性。课程对儿童来说是美好、正确、合适的内容，以对学生现状所达成的共识，及对学生未来生活的展望为核心。如果没有这一精神核心，课程实践仅仅是一项纯技术工作而已。课程实践的技术应该有其精神灵魂，技术和精神应该完美地结合在一起。另一方面，其实精神核心的落实与彰显，离开了技术的支撑也是根本不可能实现的。

一、课程开发的流程

一般来说，校本课程的规划与开发设计包括以下几个程序：（1）学校背景分析，校本课程开发的必要性与可能性分析；（2）学生需求评估；（3）课程规划与开发的总体目标制定；（4）课程结构与门类设计，包括校本课程的类别与门数，每门课程的课时要求以及限制性条件等；（5）提出实施与评价的建议，为教师实施与评价校本课程提供一些相关的政策或行动指南；（6）提供保障措施，即明确来自组织、制度、人力、物力和财力等各方面的保障措施，确保校本课程的顺利实施。

在实践中，有不少学校都遵循了规范、严谨的课程开发程序，以下是一个典型案例：

深圳市育才中学的课程方案 ①

教育哲学：凸显学校的办学特色，发展学生的个性特长。

开发程序：教师申报—学校审议—编制清单—学生选择—排定课表—走班开课—学分管理—课程考核—成果展示—总结提高。

课程结构：科学探究类、社会文化类、语言修养类、信息技术类、艺术修养类、劳动技能类、运动竞技类、学术讲座类等八个类别140门课程，每门课程至少18课时，对应1学分，每学期推出30～40门课程供学生选择。

学校品牌课程：青春读书课、时事论坛、心理修养及研究、英语戏剧表演。

前沿课程：运筹学、动漫设计、英语同声翻译。

多语种课程：法语入门、韩语入门、日语入门。

课程管理：

组织保障：（1）校本课程开发和管理领导小组，负责校本课程规划方案的制订、教师培训等；（2）教导处负责工程方案的制订，如课程申报、审议、开设、教学常规管理等；（3）校办负责动员与宣传，以及学生的纪律管理；（4）教务处负责对学生的评估、成绩统计与存档，及图书馆、电脑室的开放；（5）总务处负责场地、设备等后勤保障工作。

课时：每周3节，纳入课程表统一安排，学生选择。

任课教师负责制，加强纪律与安全管理。

课程评价：（1）学分以课时为单位来计算；（2）每生在高三前修满至少6学分；（3）每门课经任课教师考核后，将学生的成绩与课时统计上报教务处，登录《校本课程学生登记手册》。

学校的课程开发与规划不是零散地敲敲打打，也不是碎片化地随意开发，而是基于学校具体情况和教育哲学的课程结构和内容的总体开发与建设，特别要关注课程开发过程中对各方需求的评估与课程审议，关注学生对课程的选择，关注对课程的常规管理和课程评价，真正使课程走向学生，唤醒教师，使课程建设的过程成为民主决策的过程，程序的规范背后体现对教

---

① 崔允漷.学校课程使命与校本课程开发［R］.上海，2014.

师、学生、家长的尊重，体现学校课程开发的理论水平、审慎思考与系统实践。

二、几项实用的课程开发技术

回望近百年的课程理论发展，每一种课程理论都从独特的角度为我们学校的课程开发提供了崭新的视角和不同的实用技术。虽然是历时性的课程理论，但在当前共时性的课程开发情境中，他们仍然给予我们有力的支撑和帮助。泰勒原理、施瓦布的集体审议技术、布鲁纳的结构主义都在影响着我们的课程实践。虽然在历史上，他们大多因为技术取向受到批判，但是，技术和人的发展本来就不应该是对立的，我们应该有更宽广的胸怀，持有一种融合的、权衡利弊的课程观，让不同的课程观都能以它最精华的精神核心润泽我们的课程实践，让我们获得更多的力量。

实践中，很多学校都缺乏具体的课程开发过程中的可操作化的技术，以下介绍几种常见的课程开发技术的应用。

1.SWOT 分析技术

SWOT 分析法（即态势分析法）是由旧金山大学的管理学教授韦里克提出的一种企业内部分析方法，是一种能够较客观而准确地分析和研究一个单位现实情况的方法。其中，S 代表 strength（优势），W 代表 weakness（弱势），O 代表 opportunity（机遇），T 代表 threat（挑战）。S、W 是内部因素，O、T 是外部因素。通过对被分析对象的优势、劣势、机遇和挑战等加以综合评估与分析得出结论，通过内部资源、外部环境有机结合来清晰地确定被分析对象的资源优势和缺陷，了解对象所面临的机会和挑战，从而在战略与战术两个层面加以调整方法、资源以保障被分析对象所要实现的目标。通过SWOT 分析，可以帮助企业把资源和行动聚集在自己的强项和有最多机会的地方，让企业的战略发展变得更加明朗。

当前，很多学校在进行课程规划之前，都会运用 SWOT 技术分析学校在内涵发展过程中要面临的众多问题和挑战与机遇，从而形成适合学校的发展战略。以下是一所学校进行 SWOT 分析的案例：

表 3-2　上海市浦东中学 SWOT 分析一览表 [①]

因素	S（优势）	W（弱势）	O（机遇）	T（挑战）
地理环境	交通便捷，毗邻上海世博园区，具有一定的区位优势。	周边地区市、区重点中学较多，且规模大，我校优质生源匮乏。	鉴于我校的历史成就与地位，有望向高一层次发展。	办学要求提高，生源竞争激烈，压力较大。
行政人员	学校行政干部勤朴敬业，团结协调意识较强。	年龄偏大，按常规办事，改革意识和创新精神不足。	为年青干部队伍的培养留有空间，能提供相对充裕的发展平台。	缺乏德才兼备、适应学校快速发展的干部。
教师情况	敬业精神强，有一批区骨干教师和学科带头人。	梯队结构不尽合理，青年教师偏少，部分学科缺乏把关教师。	校本研修机制已初步形成，教师的专业水平逐步提高。	教师专业发展处于高原期；缺乏在区内有影响的领军人才。
学生情况	朴实、勤奋，尊师、守纪。	学生总体的文化知识层次不高，差异比较大。	学校为不同学生提供与其发展相适应的教育。	学校教育不能完全满足不同学生发展的需求。
家长情况	家长对学校工作的认可度较高，能支持配合学校工作。	家长对子女的学习成绩期望高，而对德育、心理等关注较少。	可借助现代学校制度建设的理念构建家庭、社区与学校的"三结合"教育。	家校对素质教育理解不一致，是素质教育难以根本实施的主因之一。
文化传统	百年历史名校具有丰厚办学传统和人文积淀。	在历史与现实的反差面前，被历史的包袱压得喘不过气来，以至失去前行的动力和勇气。	历史名校的文化传统是一笔巨大的财富，是学校可持续发展的灵魂所在。	审视历史与现实，我校的文化传统尚难体现于高标准、高水平的学校建设中。

① 上海市浦东中学 2012 学年度学校课程计划［OL］. 浦东中学官网，2012-09-01［2016-11-01］. http://www.hspd.pudong-edu.sh.cn/portal/1-16/1-16-02-02/info36000002913/detail.html,2012.9.

SWOT 分析的关键在于通过对学校优势劣势的分析，通过对教师、学生、家长、社区等维度的分析，让大家渐渐在学校教育目标上达成共识，回应学生和家长的学习需求，实现教师的教育理想，回应社会的教育期待。

2. 学生、家长、教师需求评估技术

学生的需求是学校课程规划和课程开发的前提。我们在教育中经常把尊重学生的兴趣和需求挂在嘴边，但是到底怎么了解、怎么尊重学生的兴趣和需求，很多学校都缺乏可操作的技术。

无锡锡山高中在校本课程建设方面，起步较早，他们特别重视对学生需求的评估，通过调查问卷，发现学生在不同的时代背景下，对课程的需求是不同的。上个世纪 90 年代末，学生最欠缺的或最需要学校提供帮助的项目包括：与人交往与相处的能力（56.3%），学习方法（42.1%），承受挫折的心理素质（44.2%），从事专门职业所需知识（40.10%），自然科学和新技术（35.13%），关于社会的过去、现在和未来（30.15%）。到 2006 年的时候，在"最欠缺的或最需要学校提供帮助"的项目上，学生选择比例最高的前 6 项是：创新能力（63.1%），特长爱好（59.5%），学会交往（59.0%），生活技能（57.3%），耐挫心理素质（40.2%），团队领导（37.9%）。学生认为，校本课程领域中最不需要关注的是认识学校（5.3%），地方文化（8.5%），学科竞赛（9.5%）。[①]

从锡山高中的调查中可以发现，在不同时期，学生的需求在发生着变化，而且"地方文化"类课程是学生认为不太需要关注的门类，但我们当前中小学课程开发中，"地方文化"类却占有相当大的比例。可见，我们在判断学生的需求时，往往存在"过度自信"的问题。学生的需求不仅应该成为开发校本课程的基础，还应该成为改进校本课程的基础。

再比如说姜堰二中在开发校本课程之前也对学生的需求进行调查分析，调查采取分层整群抽样的方法，随机抽取样本，参加调查的对象 4000 人，调查共发出调查问卷 4000 份，收回有效问卷 3569 份，回收率为 89.23%。

课程实施方式在很大程度上影响着学生参与课程的感受，决定着课程的实施效果，最理想的学习状态什么样？在回答"哪种形式适合于校本课程的

---

① 杨梅. 教育哲学照亮学校课程开发的航程——江苏省锡山高级中学校本课程开发侧记 [J]. 江苏教育，2007（7）:79.

学习"（可多选）时，被调查各方有如下反映：

表 3-3　被调查各方的反映

年　级	专题讲座	实践活动	比赛展示	兴趣小组
高　一	13.2%	38.9%	28.7%	49.2%
高　二	17.4%	18.2%	21.2%	43.2%
高　三	22.3%	27.4%	22.3%	48.0%

有 49.2% 的高一学生选择了"兴趣小组"，有 38.9% 的高一学生倾向于"实践活动"。为什么兴趣小组和实践活动能吸引如此多的学生参与呢？首先，其内容是生活化、综合性的，丰富多彩，贴近儿童，而不仅是某一学科的抽象知识、技能。感悟生活、学会生活，是学生建构经验世界的自发追求，而不是应付"比赛"的功利负担。其次，实践活动的进程是可选的。在学生的内心深处，都有一种成为学习主宰者的渴望，都希望获得适合自己年龄、兴趣的认知图式。因此，在问卷的相关选项中，20.4% 的学生认为理想的校本课程应供学生自由选择。再次，实践活动中的人际间性是合作共生的。"兴趣小组"追求个体发展，"比赛展示"崇尚竞争取优，而实践活动则以共同发展为目标，着眼学生的社会性生成。调查表明，39.3% 的学生把"和他人一起思考和探索"作为理想校本课程的首要特征。这更促使我们把"尊重、对话、沟通、理解"作为校本课程实施的基本准则，积极推行"项目学习法""协作学习法""小组学习法"……使学生在交往中学会交往。[①]

在以上案例中，锡山高中和姜堰二中在学生需求评估中都采用了问卷调查法。一般来说，评估学生、教师、家长需求的常用方法有以下几种：

第一，问卷调查法。问卷调查的优势在于易于操作，省时省力，能够在较短时间内获得较大范围内人员的信息。问卷内容、形式依据调研目的不同，可以设计知识、技能类测试题，也可以设计开放或封闭的选择题、问答题等。问卷调查法的缺点在于大部分问卷调查的选项是封闭的，封闭性问题

---

① 杨九俊．学校课程能力建设［M］．南京：江苏教育出版社，2013：241-242.

可能限制被调查者选择答案的范围，从而无法使得被调查者反映自己的真实想法，另外，要想获得真实有效的信息，设计一份好的问卷难度是很大的。在问卷的发放过程中，问卷对象的抽样必须具有代表性，这样才能够反映学生群体的总体特征。一般来说，在课程规划中，问卷法是一种最为常用的评估学生需求的调查方法。此外，在调查学生家长、学校教师对课程建设的想法和建议时，也可以运用问卷的方式。

第二，访谈法。访谈法与问卷法相比，有利于获得关于学生发展的深度信息。但是访谈法费时费力，一般只能选择有限的学生对象来进行。教师可以单独利用访谈来获取信息，也可以把它作为问卷调查的辅助形式以获得更多有价值的信息，特别是如果通过问卷调查发现学生在学习需求方面一些特殊的或者特别重要的问题时，可以通过访谈法了解学生更真实和深层次的想法，访谈法有利于帮助我们找到问题背后的原因。

访谈前教师要把访谈目的和学生说清楚，有助于学生放松、真实地表达自己的需求和看法。此外，访谈可以拉近师生间的距离，增进师生之间的感情，有助于培养起学生积极的学习情感并感受到学校、老师对自己学习需求的关心和尊重。访谈前，教师要有明确的访谈目的，并有访谈框架，保证即兴生成的问题不妨碍访谈目标的实现。当然，有时即兴生成的问题会使教师有新的发现，关注、思考新的问题。访谈的另一个作用是通过了解学生的学习需求，促使学生对自我的需要和学习的情况进行全面的反思，让他们了解学校课程规划设计的意图，从而能进一步地认同、拥护和参与学校的课程设计与开发。

同样，除了以学生为对象，还可以通过对家长、教师的访谈，侧面了解学生的学习特点与需求，这样通过多途径了解的信息会更加全面具体。

第三，观察法。观察法也是了解学生需求的重要方法。教师不仅要在课堂教学上观察学生，在日常的学习生活中，也要注意观察学生的表现，关注他们的兴趣爱好特长，关注他们的缺点不足和短板，并注意做好观察的记录。通过平时的观察，也可以大致把握学生在学习上的特点以及各种需求。

3. 集体审议的技术

审议是指通过对特定对象进行深入考察、讨论及权衡以作出一定选择的活动。英国课程专家施瓦布认为课程开发是一个集体审议的过程，包括校长、教师、学生、社区代表、课程专家、心理学家和社会学家等人员组成的课程集体审议人员，通过对问题情境的反复权衡而达成一致意见，最终作出行动决策。教师和学生在课程审议中占有重要地位，课程审议必须以学生的实际水平、年龄特征以及个体差异为依据。

课程审议是教育民主的特征之一，还是教师专业自主的重要表现。课程审议意味着参与教育过程的相关人员对课程及其实施具有决定权，尤其是教师对课程的实施进程拥有根本的决定权。

一般来说，课程审议的流程如下：

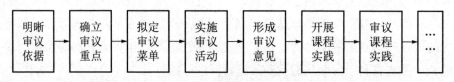

图 3-8 课程审议流程

对课程实践中最真实问题的关注，是教师提升智慧、走向专业化发展的重要一步。课程审议要注意唤醒教师的问题意识，鼓励教师带着疑问去思考我们的课程设计与实践，以确保"以学生发展为本"的理念在课程设计和实施中能够落到实处。

以下是作者为某学校设计的课程审议的问题菜单：

表 3-4　课程审议问题菜单

审议内容		审议主体
课程开发背景	学校的历史发展、办学规模、硬件设施等	
	学校的传统优势、主要问题	
	学生的整体情况和需求评估	
	学生家长的基本情况和意见建议	
	教师队伍的基本情况和意见建议	
	社区的基本情况与课程期待	

	审议内容	审议主体
课程目标	课程目标与国家课程政策、教育总目标的关系	
	课程目标与学生已有认知水平和未来发展可能性之间的适应性	
	课程目标与学生、家长、教师、社会各界教育期待之间的适应性	
	课程目标与学校课程内容之间的适应性	
课程内容与结构	课程内容是否能够实现课程目标	
	课程内容能否体现学生的兴趣需要	
	课程内容是否体现教师的潜力和创造性	
	课程内容是否具有时代性和创新性	
	课程内容是否具有丰富性、选择性	
	课程结构是否清晰、可行	
	课程结构是否体现综合性、活动性	
课程实施	课程实施有没有明确分工	
	有没有形成排课、选课的机制	
	有没有清楚的课时安排和场地保证	
	课程实施有没有体现学生学习方式的转变	
	有没有常规的教学研讨、交流等机制提升教学质量	
课程评价	有没有学生的课程满意度评价机制和渠道	
	有没有有效的学生校本课程学习评价机制	
	有没有对教师的课程实施过程与效果进行评价	
	有没有制定有效的教师的课程激励制度	
	有没有课程的优胜劣汰、调整完善机制	

注：审议主体包括教师、学生、家长、社区代表专家等。

"课程领导"是新课程改革后一个关注度很高的词语，特别是对于学校校长来说，课程领导能力成为其新时期下非常重要的一项能力。在实践中，学校的课程建设基本都是由学校的精英教师团队在带动，但是，真正要带动学校的课程建设的发展，必须从精英化的课程领导走向大众化的课程审议，让学校的每一个人都参与到课程的建设中来。未来社会的发展无法预测，没有一个人能够预言未来，也没有一个人能够全面解答学校课程建设的全部问题。如何在这样的时代背景下构建学校的课程蓝图和未来愿景，需要学校的所有教师、学生、家长、教育专家以及社区共同参与到课程的审议和建构中。为此，课程审议是一项有利于推动学校民主化进程，激发每一位教师、学生、家长参与课程开发的重要技术。

4.课程纲要的编制技术

课程纲要是指以纲要的形式呈现某门课程的各种课程元素。从广义来说，大到国家课程方案，小到教师写的教案或活动计划，都是课程纲要。狭义来讲，课程纲要是包含各种课程元素的某门课程的大纲或计划书。这里，主要取其狭义，是指教师依据课程标准或指南和相关教材撰写的某学期某门课程（包括校本课程）的纲要。

课程纲要与教师的教案相比，重要区别在于课程纲要完整地体现了课程元素——课程目标、课程内容、课程实施与课程评价。教师撰写课程纲要，必须考虑到课程的目标、相应的课时、学生背景分析、课程组织、实施的条件、学生评价以及各方面的总体协调等情况。

课程纲要的编写有利于教师整体把握实施的课程目标与内容。实践中，教师常常会犯这样一种错误，那就是非常清楚每个章节的知识点，但往往忽略了各章节之间的逻辑关系及课程的总体目标，这种"只见树木，不见森林"的现象易使教师忽略了学科的本质特征和教育的根本目的。

课程纲要有利于学生明确所学课程的总体目标与内容框架，是指导学生学习的蓝本。对于学生来说，课程纲要描述了学习的目的地，画出了学习线路图，并且提供了学习的基本要求，有利于学生规划自己的学习，提高元认知能力。此外，课程纲要也有利于学校开展课程审议与管理。

一份完整的课程纲要一般包括：（1）一般项目，包括学校名称、科目名称、课程类型、设计教师、日期、适用年级、课时；（2）课程元素，包括课程目标、课程内容、课程实施、课程评价；（3）所需条件，即为顺利实施该课程所需要的条件。

在学校的校本课程开发中，提倡教师们更多运用编制课程纲要的方式进行课程的开发，相比较一些固定的校本教材和校本读物，课程纲要的生成性、开放性更强，有利于教师和学生根据具体的需求不断调整和优化课程的开发。

当教师编制的课程纲要通过学校课程委员会的审议，并在选课中得到学生的认可后，教师就可以根据课程纲要，进行每课时的具体教学活动设计了，建议教师建立电子化的校本课程实施"教学活动资源包"，资源包里可包括每课时的"教学活动设计"、学生作业单或活动单、教学PPT、知识链接或其他课程资源等。电子教学活动资源包有利于教师不断增加、删减和完善、保存资源包，也有利于教师之间的资源共享与交流。

浸润：清理文化死角

在"你认为什么是课程？"的调研中，有的校长回答说，"课程就是教学内容"，"课程就是学生学习的那几门教学科目"。他们将学校课程窄化为一些应对升学考试的学科课程。有的校长头脑中根本就没有课程概念，更没有意识到自己的课程领导角色。校长将自己的职责理解为日常教学管理，抓教学是主要任务，头脑中没有课程概念，课程建设和课程结构的构建更是无从谈起。有的校长认为，"学校的课程设置是国家规定了的，是国家的事情，我们所做的只是实施课程"。很多校长对于所开设课程缺乏内在的思路。在实践中，经常看到一些学校开发了很多的校本教材，花了很大的人力、物力、财力，可是结果却并不令人满意，学生并不领情，开发出来的教材也是良莠不齐。学校的课程建设不仅是做加法，更需要对已有的资源进行整合优化和改造。学校的校园环境、规章制度、人际关系、评价方式、心理氛围、教师的做事方式、同伴的影响，以及学校的各种仪式、活动等都是潜移默化地影响着学生的隐性课程，能给学生带来重要的影响。因此，学校课程建设的一个重要任务是对这些隐性课程进行自觉的课程改造。

埃德加·H·沙因认为文化有三个层次：第一，表象层，显而易见的组织结构与流程；第二，价值层，解释为什么这样做；第三，潜意识层，"共同默认的解释"，理所当然的无意识的信念、理解、思维、感觉。[1] 学校真正的课程文化往往体现在我们不经意的潜意识之间，怎样让学校的课程建设做到言行一致、表里如一、一以贯之，让学校的课程理念真正浸润到每一个角落是一项更艰巨的课题。

---

① 朱国云.沙因的组织文化理论［J］.江海学刊，1997（4）：52-53.

一、环境建设：学校课程文化的第一张名片

学校的一切都是课程文化的体现，特别是学校的环境，最真实地体现着学校的办学追求。在现在的学校中，我们经常能看到与学校提倡的教学文化背道而驰的景象。比如说，学校说要培养学生的自主能力，可是学校的环境建设中，教师、学生基本上都没有自主参与的权利。学校倡导"为了每一个孩子的发展"，可是在各种橱窗、海报、校史馆里摆放的都是杰出校友、优秀学生的照片与事迹。学校都在追求个性化、特色化的发展，可是，在学校的环境建设上，基本上都是千篇一律。学校都在追求"以人为本"，可是在环境建设的细节设计上，却缺乏人文精神和对每一位学生的尊重。

比如，某高中的教室里，可以看到这样的标语：

只要学不死，就往死里学；
这一刻，只为我自己；
多考一分，压倒千人；
考过高富帅，拼过官二代；
生前何必多睡，死后必将长眠；
进清华，与主席总理称兄道弟，
入北大，同大家巨匠论道谈经。

在一所高中的教室内，黑板报的内容是"中国梦和我的梦"。"中国梦"的内容是学生从各种报刊上选出的几篇文章，"我的梦"则是本班学生用贴纸手写的自己的梦想。学生的梦想是这样的：

找一个优质男，有一份不错的工作；
在西雅图遇到那个陪伴终身的人，有一所大房子，养一条大狗，生两个可爱的孩子；
我要做国家领导人；
为中华民族崛起而读书，移民，给资本主义添乱；
把到所有高一的妹妹。

某小学的教室墙上，张贴了一张"黑猫警长计划表"，表上标注着每天值日做黑猫警长的同学的姓名，担任黑猫警长的同学的主要职责就是监视本班学生在下课期间，是否跟其他同学打闹，是否喧哗等。类似的案例还有很多。

这些教室的环境布置看似平常，却是学校课程文化最真实的潜台词，真正体现了学校的教育文化和价值追求。学校的环境布置、教室的结构设计、空间利用、色彩、光线、温度、空气流通、桌椅摆放等都是影响孩子成长的重要生态环境，直接影响着孩子每天的生活质量和学习质量。可是，在实践中，成天把"为了每一个学生的发展"挂在嘴边的学校，有没有真正考虑过这些问题？我们经常看到的是校长办公室豪华宽敞和学生教室拥挤不堪的鲜明对比，学校热衷斥资打造各种所谓的"特色文化景点"与学校厕所脏乱不堪的鲜明对比，这背后究竟体现了什么样的文化？

二、学校的制度建设是影响师生价值观的隐性课程

每一所学校都有各种规章制度。比如说，班干部的选拔这样一个几乎每一所学校、每一个班级都会面临的班级管理制度：通过民主选举或者班主任任命的方式，把学生群体分成三六九等。这样的一种班级人际关系的构建带给学生怎样的人生经验？这样的人生经验会对学生价值观的形成产生重要的影响。

学校的评价制度是怎样来评价学生的？是以成绩为唯一的标准，还是全面考量孩子的综合发展？在这样的评价模式中，有多少学生能够收获自信和乐观？又有多少学生收获着挫败与自卑？这些深刻的体验都将在孩子未来的人生发展中形成不可磨灭的影响。当前学校中经常有各种榜，比如"班级苹果榜"，学生在考试中获得好成绩、上课发言中表现积极等，都将获得苹果的奖励。这样的激励制度又会对学生产生什么样的影响？

三、学校常规活动和琐事是学生学会做事的经验课程

学校是一个小社会，学生除了在课堂上学会学习的能力、思考的能力之外，做事的能力、与人交往的能力等都需要在各种活动中、在"做事"中形成。每一所学校都会有很多的琐事需要处理，比如学生的晨会课与早读课、

学校卫生的打扫、班级的管理、校园环境的建设、班级环境的布置、校园文化景点的打造、学校食堂的管理、家长会的召开、开学典礼的举行等。学校还有很多的常规活动需要开展，比如科技周、运动会、读书周、传统节日活动、春游、秋游等。很多时候，这些琐事和活动成为了令人烦恼的负担，学校管理者经常为琐事和各种活动所累，疲于应付。

与此相对应，学生在这些活动和琐事中又扮演什么样的角色呢？在学校的各种活动中，基本都是部分精英学生在忙活，大多数的学生都是作为观众，作为旁观者。在各种琐事中，都是学校管理者、老师、部分班干部在奔忙，大多数的学生都处于"被安排"的地位，根本没有机会插手，也没有机会表达自己的想法。

其实，这些学校的琐事和活动，都是珍贵的课程资源，都有可能成为非常重要的经验课程。佐藤学认为，学习包括相互连动、彼此交融的三种实践：建构客观世界之意义的"认知性实践"、建构伙伴关系的"社会性实践"和探索自身模式的"伦理性实践"。在第一种学习中体现的是"关于教材内容的信息、知识与思想、感情的传达"；在第二种学习中体现的是儿童同教师与伙伴之间的关系；在第三种学习中体现的是教师及儿童自我的存在之证明。[①]学校的琐事和各种活动中，往往包含着学生的社会性实践和伦理性实践的重要内容，对学生全面能力的发展产生着重要的作用。

四、清理文化死角：学校隐性课程改造策略

1. 树立全面整体的课程意识

国外已有很多研究发现，在学校课程内容、课堂交流方式、学校语言当中存在大量的偏见、不平等和排他性。任何一所学校，都是一个完整的场所，在此场所，学生接受完整的教育，学校各类成员经历和体验着完整的生活。为了保证完整的教育和完整的生活，学校就需要有完整的发展图景，这一完整的发展图景包含着完整的学校课程。近年来，许多学校都注重对本校的整体发展图景加以规划，但学校在规划学校发展图景时，大多都忽视学校中各项管理琐事、环境、制度的改造与规划，这些隐性课程仍然体现着传统

---

① 佐藤学. 学习的快乐—走向对话［M］. 北京：教育科学出版社，2004:65-66.

的教育观念和教育文化。

如何对学校的隐性课程进行改造，真正让学校的一切事务都成为学生发展的机会？首先需要树立全面整体的课程意识。什么是课程意识？著名学者吴宓曾在自己的讲课稿上写过这样一段话："把我自己——我的所见所闻，我的所思所感，我的直接和间接人生经验中的——最好的东西给予学生。"这句话是对课程意识的很好解读。所谓的课程意识就是把自己认为最美好的、重要的人生经验给予学生。学校中各种形式化的活动、各种高压式的管理制度、千篇一律的环境布置不仅让学生感觉到头疼、无聊、不适，也让很多教师觉得不满，既然都不满意，能不能真正从学生、教师的角度出发，将学校的环境、制度、活动包括琐碎事务都放到课程规划与设计的范畴内，进行整体设计，通过适当的改造，让这些隐性课程成为学生和老师重要的、美好的人生经验呢？

2. 课程改造的策略

当用课程化的眼光来改造学校的环境布置、活动组织和各项琐事时，令人烦恼的负担就变成了促进学生发展的机会。在改造过程中，可以采取以下几种策略：

一是主题贯穿——聚焦、深度。比如学校每年举行的春游、秋游、清明节的祭扫活动等，都可以通过主题贯穿的方式，每个学期用不同的主题来引领和提升活动，既增加了活动的新鲜感，又有利于提升活动的深度，更好发挥活动的价值。

二是加入时尚元素——趣味。比如大课间是穿插在紧张学习活动中间的一种休息与调节，传统的广播操虽然能起到一定的健身效果，但是一成不变的形式和重复操练，会日渐显得枯燥，不能持久地激发学生的练习兴趣。因此，常州市东方小学体育组教师，充分分析学生心理，研究育人价值，根据学校特色，渗透时尚、童趣等元素，创编了"羽毛球操""健身舞""搏击操""骑马舞"等一系列课间操，校编"骑马舞"既注重时尚元素，更强调科学锻炼。大课间时，学生和老师一起兴奋地跳起了"骑马舞"，师生互动，全体参与，场面震撼，活力飞扬。

三是放权给学生——自主。学校中很多常规的管理事务完全可以放权给学生去完成，这样既减轻了学校管理者的负担，又能促使学生在自我管理中锻炼自己的各项能力。比如南京有一所高中的学生就专门研究了教室生态环境的改善。他们发现教室里空气不流通，布置的东西太多，使人产生压抑感；第一排的座位离黑板太近，对学生的视力会产生不好的影响；教室的紧密排放不利于学生在午休的时候伸展身体；等等。依据这些问题，他们自己亲自动手，对教室环境进行了改善和优化。

四是挑战学生——创新。学校中很多的琐事往往以一成不变的形式存在，比如开学的开学典礼、周一的升旗仪式、国旗下讲话，时间长了，师生对这种形式都很厌倦，这些活动和仪式往往失去了本来的教育意义。对这些琐事进行改造时，可以充分放手，挑战学生，激励学生在改造过程中发挥聪明才智，创新这些活动的内容与形式。

五是没有最好，只有更好——反思与提升。当把学校琐事纳入课程视野的时候，就必须有评价和反思的介入，不断去评价反思和完善这些课程元素在实践中的效果。

3. 课程改造的案例

在实践中，有一些学校进行了充满创意的课程改造，赋予了学校琐事、传统活动全新的教育价值。比如杭州某初中将家长会交给学生去设计和组织，全体学生共同设计了别开生面的"嘿哈家长会"。"嘿哈家长会"由几个环节构成：一是表彰环节，学生对班上每一位学生的优点和特长进行了充分的肯定和表彰，让学生充分感受到被人认可与肯定。二是游戏环节，请各位家长在纸上写上自己孩子最大且最显著的特点（50字左右）。然后交给主持人，由主持人随机抽取并读出来，认为写的是自己的同学举手。这一环节主要考验家长和子女的默契程度。三是真心话环节，学生表达对父母的爱和对父母的意见，畅谈对学习的感受和生活感想。四是教师发言总结。每个环节都由班上的学生轮流主持。由学生组织设计的家长会充满了青春的活力，使得大部分学生在家长会中得到了全面的锻炼，并为孩子和家长的沟通架起了轻松活泼的桥梁，取得了意想不到的结果。家长会原本是学校中的惯例，学校要么把家长会开成批斗会、牢骚会，要么变成告状会，很少能够发挥家长会的正向教育功能，当用课程视角进行改造，当把组织权力交给学生时，我们往往能够获得意想不到的惊喜。

还有锡山高级中学与新华书店联手，在学校中开设了一家新华书店，供学生日常阅读和学习。锡山高中内的新华书店，不准销售考试辅导类书籍，而且学校要求校内的新华书店与其他新华书店同步更新书籍。锡山高中的创意做法让书店成为了学校里一道亮丽的风景，每当看到学生安静地在书店里阅读的情景，就可以深刻感受到学校的课程文化和办学哲学。

再比如李希贵校长所在的北京十一学校，将学校升旗仪式、国旗下讲话、校园广播站、奥运志愿者、田径比赛裁判助理、设计校服、经营学校书店、体育器械招投标、食堂饭菜质量测评、图书购买年度计划等学校琐事都通过"校园机会榜"的形式张贴在校园中，招募学生前来挑战，挑战成功者，将会得到学校的奖励！除此之外，学校的十一学校感恩日、十一学校道歉日、成立影视动漫传媒中心、为十一学校设计吉祥物、经营管理学生影院（勤工俭学，有工作报酬）、为学校设计文化景点、策划新年联欢活动、开发学生影院网上选座系统、策划开学典礼等活动都是放手让学生去操办，只要积极参与，学生就会获得学校的学分奖励。

北京十一学校还对学校的一些传统活动和项目进行了课程化改造，比如学校的传统运动会被改造为三年一轮回的国际奥林匹克运动会、世界民族运动会、五洲城市运动会，每个班级参加运动会的时候都代表一个国家、一个民族或一个城市。学校艺术节被改为世界文化艺术节，每年一个侧重点，有时以书籍为主题，有时从绘画的角度展示，有时从音乐切入，每年的主题确定后，各学生社团、各班通过自主选择或竞标的方式，选取某一个方面加以研究并将研究成果予以展示。世界经典诗歌朗诵会、世界经典影片展播、世界名画临摹比赛、世界知识状元榜、挑战双语主持人擂台、校园美食坊等纷纷亮相。此外学校还有开学护照、学生出版社、校园吉尼斯、学生影院、校园里面开公司、学生大使团、校园泼水节、每月百星、学生院士、校长有约共进午餐、社会职业考查课程、学生职业咨询与辅导、班级命名、书店畅销书修习活动等多种多样的学生锻炼机会。原本让管理者头疼的琐事现在却变成了丰富多彩、充满创意和挑战的课程机会，学校的一切活动包括学校管理制度都成为了课程。

所以说，学校无小事，事事都会对学生产生影响。当我们总是抱怨我们缺乏课，缺乏足够的课程空间来体现学校办学特色，促进学生全面发展的时候，不要忽视学校的各种琐事往往是促进学生自主发展、挑战创新的绚丽舞台。

课程留白：释放学生自由发展的空间

绘画需要留白，艺术大师往往都是留白的大师，方寸之地亦显天地之宽。南宋马远的《寒江独钓图》，只见一幅画中，一只小舟，一个渔翁在垂钓，整幅画中没有一丝水，而让人感到烟波浩渺，满幅皆水。予人以想象之余地，如此以无胜有的留白艺术，具有很高的审美价值，正所谓"此处无物胜有物"。在学校的课程设计中，也需要为学生创造自由发展的留白空间。

爱因斯坦说过：负担过重必导致肤浅。人的自由发展、自主成长都需要空间。有自己的空间，学生才有可能学会自我规划、自主选择、自我反思、自主管理。很多学校都非常关注在课程设计中，给学生留下空间，让学生发展个性。

比如北京十一学校为了给学生更多自主选择的空间，实施了"大小学段制"。学校把每学期20周划分为两个大学段和一个小学段，每个大学段为9周，小学段为2周，学期结构为大学段/小学段/大学段。大学段主要进行统一课程的集中学习，两个大学段之间的小学段，为期2周，学生仍然到校学习，没有老师，没有作业，由学生自主安排。学校设置小学段就是想给学生创造一个自由的空间，培养他们的自律意识，让他们学会自主学习。但不安排统一的学习内容，每位学生根据自己的学习需求，制订出符合自己的自主学习规划，进行自主学习；也有很多同学利用这段时间，走出学校，到社会和实验基地进行实地体验学习等等。小学段给了每一位学生进行校外社会体验和个性化学习的机会，也使他们的自主学习能力得到锻炼和提升。

在小学段的两个星期里，第一次经历"小学段"的高二年级的陶颂真有点不适应。她说："放着大把的时间，却不知道自己该干什么，学着学着我竟然睡着了。后来我改变了策略，中间困的时候休息一下，读几页《庄子》，调整一下情绪，再接着按计划做。"高一年级的刘毅伦提前2个月就开始为

"小学段"作规划。他在两周的"小学段"里,对每一天、每一个时间段都进行了详细安排,既有读书、练习,也有社团、健身;既有复习巩固,也有拓展阅读。"小学段"后,他对自己作了这样一番总结:"我基本上做到了有条不紊地安排自己的学习,渐渐懂得要为自己负责,自我管理。"在"小学段"里,有的学生读完了巴金的三部曲《家》《春》《秋》,有的学生重做了一遍教材中所有的物理实验,也有的学生走出校园做了一段时间义工……课时压缩了,活动这么多,会不会影响成绩?实际的结果是学生的成绩反而更好了,因为学生们学会了合理安排时间,自主学习,所以效率更高。[①]

再比如上海育才中学设计了自主拓展课程、免修课程和段力佩学苑。每天下午的15点30分至16点10分为学生的个别化自主发展课时间,学生根据自己的实际自主选择学习环境和学习内容。各科教师在特定教室里设摊答疑,学生还可提前预约老师进行指导,答疑教室经常是人丁兴旺,通常有一大群学生围着几个教师一起进行讨论、探究。学校的图书馆、实验室等都对学生开放,学生既可以在图书馆里阅读书籍杂志,也可以在实验室在教师指导下做一做自己设计的新实验。

学生是这样评价的:"从自主发展课程中,我学会了自学。就读上海交通大学时,我用一年的时间自学完了四年本科课程,用半年的时间自学完了硕士研究生课程,剩下大量时间我用来社会实践,在企业做实习生,在新东方做老师;后来开了两个公司,为世界500强提供产品与服务。之后在香港摩根大通投资银行工作的时候,我的同事都是全世界最顶尖高校的金融专业学生,而我在过去七年的学习中却从来没有接触过金融。我也是利用自学,在短时间内补上了他们所学的所有金融科目,并且在之后的工作表现中超过了他们。在人生至今的每一个不同的阶段,自学能力都成为了我能在同龄人中表现出色的一个绝对主要的因素。而自学能力的培养全靠了育才这三年。"

"在清华,很多来自各地的学生在进校以前,往往是某竞赛省级一等奖得主,或是某省某市的高考状元。他们脑袋里装的知识比我多,但在实际的学习中,他们并不一定比我强。这主要归功于我在育才的时光。因为我在那里学习到的不仅是知识,还有怎样去学习。免修是育才的一大特色,也是我经历中非常重要的一部分。我在育才免修过物理、化学和体育。尤其是化

---

① 徐蓓.一所学校的4174张课程表[N].解放日报,2014-2-14.

学，我仅用一年多一点的时间就自主学习完了高中三年的全部课程。现在回头看，当时学到的东西真的很少，还比不上在大学里两天自习学到的东西多，但当时学到的方法却使我终身受益。"[1]

学校还成立了段力佩学苑，为不同年级、有共同的学习兴趣、自主学习能力较强的学生提供专门的学习场所，并安排教师对其进行指导。各个年级的学生在自修课到学苑自主学习，不同年级和班级的学生间进行学习交流与研讨，并且有不同年级学生组成小组进行课题研究。

可见，课程建设不仅是做加法的过程，有时也是做减法的过程。孩子的个性发展需要自由空间，没有自由就不可能有自主，没有自主也不可能有学生的真正成长。

---

① 陈青云.学校课程：让每一个学生焕发生命的光彩［R］.上海，2014.

修剪评价：构建活化的课程体系

　　课程评价是指依据一定的评价标准，通过系统地收集有关信息，采用各种定性、定量的方法，对课程的计划、实施、结果等有关问题作出价值判断并寻求改进途径的一种活动。

　　当前基础教育阶段的大部分学校处于课程开发实施的初级阶段，总体来讲，对于如何有效评价校本课程大都缺乏成熟的技术。习惯了学科课程中的纸笔测验，面对校本课程中五花八门的课程，如何进行评价成为了很多学校的难题。事实上，不少学校是有课程开发，无课程评价，虽然开发了一大批课程，但这些课程的实施效果究竟如何基本上不得而知，也因此，学校课程的质量提升难以得到有效的保障。还有很多的人对课程评价存在误解，他们总认为课程评价就是通过考试之类的手段给学生打分或分个三六九等，也因此，不少老师认为，校本课程中很多的活动类课程、社团类课程主要就是让学生参与活动，不需要进行评价。

　　其实，我们需要重新认识课程评价。评价不等于考试，不等于测验，不等于自评、他评、家长评，不等于填一堆表格。评价是给出努力的方向、标杆，是一种激励，一种认同，一种肯定，一种鞭策，一种自我实现与肯定，一种风采展示，是记载行走足迹的过程，是了解课程效果，了解师生对课程的满意度的重要手段。没有反馈，没有修正，没有不断的淘汰和完善，学校的校本课程就会如同一潭死水，没有活力。因此，要想不断提升学校的课程品质，让校本课程真正受到师生的喜爱，学校一定要好好设计并实施课程评价。

　　课程是否能够达到学生和教师的预期？如何保证课程能够不断受到学生欢迎、让社会满意、有效贯彻国家教育方针、彰显地方特色？这需要建立起一套完备的课程评价及督导的量化规定体系。卓越的学校领导往往是善于制定评价量规并善于运用它开展学校管理的。不断从课程内容、形式、实施等各要素、各环节进行综合或分项的评估，可以不断提升课程领导的品质和课程品质本身。

注重对校本课程的评价，有利于学校构建充满活力的开放的课程体系。比如说江苏省锡山高中的《校本课程开发指南》每学年都会修订一次，课程结构基本上是物化的，但是课程内容是根据学生的发展需要而不断生成的，并不强调凝固的既定形态。他们在生本的、活化的教育实践中不断地反思、评价、修正和整合校本课程，提高课程的品位。

校本课程的评价包括对学生的评价、教师的评价、课程的评价，以对学生的评价为主。对学生的评价可以通过以下几种途径展开：

第一是通过问卷了解学生兴趣、满意度。学生是课程评价的一个重要信息来源，对于校本课程的兴趣和意见在很大程度上是评价课程的一个重要参考指标，为课程的调整和改进提供依据。为此，评价校本课程开发的效果，明确今后改进的方向，学校首先应对学生进行调查。可以通过发放调查问卷或者网上打分等形式进行，例如："你觉得某某校本课程有趣吗？是否愿意学习这门课程？学完后是否有收获？是否喜欢课程的教材？是否喜欢课程的教学方式？是否希望继续开设这门课程？"通过学生对校本课程的满意度的调查，可以了解校本课程开设的实际效果。

第二是对第一阶段调查问卷进行分析和总结的基础上，通过继续设计问卷或深度访谈的方式对问卷中显示的问题追踪调查以发现问题的成因，探讨解决问题的对策。比如："你为什么不喜欢这门课程？""你认为这门课程开设过程中还存在哪些问题？""你对这门课程的改进建议是什么？"……

第三是可以对学生的学习结果进行评价。不同的校本课程有不同的特点，结合课程的具体特点可以对学生学习结果进行评价。比如书法课可以让学生通过书画作品反映自己的学习成效，演讲课可以通过安排演讲比赛等方式对学生进行评价，flash 动画课可以让学生通过完成一件自己设计制作的flash 作品作为评价。一般来说，大多数校本课程是以培养孩子能力发展为重点的，为此，在评价这些类型的课程时，表现性评价的运用更有利于测试出学生高层次能力的掌握情况。所谓表现性评价是指在学生学习完一定的知识后，通过让学生完成某一实际任务来评价学生的学习状况，包括表现性任务和对表现的评价。它的评价方式有别于传统的纸笔测验评价，是对学生能力行为进行直接的评价。一般来说，作品展示、现场表演、实物制作、项目设计、对话交流都是常用的表现性评价方式。

第四是通过成长记录袋、日常观察记录表、考勤表等对学生在课程学习的过程表现进行评价。学生从低年级到高年级，要修习的校本课程门类比较多，建立成长袋能让学生看到不同时期自己的兴趣爱好和成长变化。创建成长记录袋时，教师要让学生明白其创建方法与使用意义及对成长记录袋的总体要求。通过成长记录袋的建立，展示学生校本课程学习成果，促使学生反思自身的变化与成长，记录学生所付出的努力，显示令人满意或不满意的学习经验，表明学生的学习方式和个性发展。教师还可以通过日常观察记录、考勤表及平时作业的批改等了解学生学习的态度等具体情况。

第五是通过多种途径为学生提供课程学习情况的展示平台。比如长沙市开福区国庆小学就将校本课程与"六一"儿童节庆祝活动相结合，举办了"我在特色课程中幸福成长"的主题展示活动，邀请家长与社区人士参与，既让家长们了解学生学习状况，又利用这个机会争取他们的支持与帮助，听取他们的意见，了解他们的需求和期望。活动当天，每位学生都以不同的形式展示了自己的学习成果。如："奇妙大自然"课程班的同学分两组进行了知识抢答赛及全校有奖竞答；"民族舞蹈"课程班的同学与老师一起献上了精彩的舞蹈节目；"趣语拾林""百变彩泥"等课程班的同学在操场四周设置了猜谜区、作品展示区；"校园MBA"课程班的同学进行了三人组小型篮球赛和球操表演。活动完后，学生们请家长和老师对自己的表现进行评价，提出希望。老师们感触很深，有的说："将课程展示与传统活动相结合，减轻了学生的负担，不然，每年庆祝'六一'，孩子排练节目经常要很晚才能回家。将课程与活动相结合，教师可以将学生平时的校本课程作业作品等成果呈现出来，同时也提高了学生学习的积极性。"家长们也反映："没想到学校开设了这么丰富的课程，学生可以尽情享受课程大餐了，这对学生的全面发展和弘扬个性真是大有益处。"

第六，全面考查学习水平，进行终结性评价。一门课程学习结束后，要对学生学习情况进行一个全面的考查，了解学生的实际学习水平，进行终结性的评价。评价的结果，初中一般采取学分加评语的方式记录，小学一般采取定级加评语，每门课程的评价结果都将进入学籍档案，为学生下次选课提供参考，促进教师改进校本课程开发行为，使得学校的校本课程实施更加规范化。终结性评价要综合期末考查、出勤、日常表现、获奖情况等方面，全面考查学生的发展和进步状况。终结性评价结束后，评价结果应向教师、学生、家长及相关人员或社会公布，接受社会对校本课程实施的监督。

对教师的评价主要可以从教师编写的课程纲要、课堂教学、教案设计、资料搜集、学生作品等方面进行自评、互评、学生评。学校对教师的评价指向教师开发与实施校本课程的教育理念和能力、教学手段和方法以及由此达成的教学效果。教师的自我评价，是指教师对自己的教育思想、教学方法、教学过程和效果进行的反思，通过评价与反思，促进教师的业务水平进一步提高。如课程目标是否清晰合理，内容选择是否具有针对性和综合性，是否彰显学校或师生个性特色，教学设计是否符合学生年龄特征和认知规律，评价方法是否具有激励性和可操作性。

在校本课程开发和实施中，教师的自我反思和评价也是非常重要的。在这一过程中，教师要有勇气客观地正视自己，否定自己的不当之处，并寻求补救的措施。

在课程评价方面，学校要有专门的校本课程过程监控、质量提升与评价机构，校本课程的评价与完善是学校崭新的课题，学校要在研究中重点思考以下几个问题：

校本课程的实施过程怎样监控？

怎样保证各门课程有效实施？

综合实践活动课程等新兴课程，怎样得到切实的实施？

怎样不断提升课程的质量，激励教师课程开发的积极性？

怎样学习借鉴其他学校课程建设的经验，以提升自身的课程质量？

学校课程建设的生长点在哪里？在哪些方面还可以做得更好？

学校可以通过组织"最受学生欢迎的校本课程评比"、学生满意度评估、家长满意度调查、学期末教师校本课程展评、学生校本课程成果展评等活动，促进课程质量的提升。学校还可以建立优质校本课程资源库，每学期在学生评价和教师展评中挑选优秀的校本课程，整理编撰校本教材（不一定出版，可以先成册），逐渐形成学校的精品课程资源库。

评价是不断提升校本课程品质的重要手段，它不仅仅是在课程实施完毕后进行，而应该渗透在平时课程的实施过程中。

罗勃特·M·波西格说：品质是"用心的结果"。提升校本课程的品质，需要我们用心地通过多个渠道，充分利用好课程评价这一杠杆。

第四章

综合实践活动课程：学校教育文化的风向标

在你最感兴趣的地方，隐藏着人生的奥秘。（比尔·盖茨）

学会有意义地学习，追求有质量地生活

综合实践活动课程是新课程改革中的新兴课程，它是国家规定的必修课程，由学校校本化开发与实施。这门课程主要追求两大目标：

第一是让学生学会有意义地学习。英国哲学家怀特海认为：不能加以利用的知识是相当有害的。当前，学生在学校里学到的知识除了应付考试，大部分都是不能利用的。因为学生学到的大部分知识早已经脱离了原有的生活情境。其实一切学问都是从生活中来的，是人们通过对自然和社会的观察归纳出来的。但是，知识发现的过程在教材中很少呈现。学生虽然习得了知识，但并不知道这些知识的来源，也就不知道这些知识可以在生活中的哪些方面得以应用。学生习得的知识大多是"呆滞"的，无法投入运转。综合实践活动课程首要的目标就是改变学生的学习方式，让学生学会自己发现知识，用探究和实践的方式去习得个人化的知识，在生活中学习知识，打通学科知识的界限，并能将学习到的知识运用到自己的生活中，这样的学习才是有意义的。

第二是让学生学会有质量地生活。教育的一个重要主题是多姿多彩的生活，教育应该教会学生学会如何更有质量地去生活。当前学校的应试教育已经使得考试几乎成为了教育的唯一主题，再加上学科课程处于一种相互分离，与生活割裂的状态，人们过于关注知识的传授，而忽略了学生当下和未来的生活。综合实践活动课程强调从学生的生活和兴趣出发，培养学生的综合素质与能力，指导学生学会有激情地、充满创造性地、快乐地、有质量地生活。

综合实践活动课程不仅对学生发展具有重要的意义，也是重塑学校文化的重要切入点。综合实践活动在学校教育文化的重塑过程中，发挥着以下几种作用：一是改变学生被动接受的现状，构建学生本位的课程文化，形成探究实践、合作、联系生活的学习文化；二是改变教师学科本位、单打独斗的现状，重塑教师的学习、工作和交往方式，形成民主、平等的师生交往文化；三是改变成绩至上的评价文化，转变学校急功近利的教育文化；四是改变学校千篇一律的现状，挖掘和充分利用地区优势资源，丰富和弘扬地方特色文化；五是树立正确的人才观，形成健康发展、鼓励创新的社会文化。

可是，在实践中，综合实践活动课程的推进与实施一直是举步维艰，没有多少学校愿意规范实施这门课程。当前很多学校追捧的"统整课程""全课程学习""主题学习"，包括最近广受大家关注的 STEM 课程等，其实都可以与综合实践活动课程进行整合实施。但是，出于"炒作"和"标新立异"的需要，学校宁愿去追逐一些时髦的名词和概念，也不愿意去踏踏实实地实施一门国家规定的每所学校都有的必修课程。因此，可以说，综合实践活动课程的实施是一个学校课程文化的风向标，一个真正愿意规范实施综合实践活动课程，不炒作、不作秀、不攀比、不标新立异的学校，才有可能真正通过课程的建设，促进师生的共同发展，实现学校的文化再造。

鼓励学生提出自己感兴趣的问题

　　义务教育阶段综合实践活动的基本内容包括四大指定领域和非指定领域。四大指定领域包括研究性学习、社区服务与社会实践、劳动与技术教育、信息技术教育。非指定领域主要包括学校的班级活动、少先队活动、节日活动以及其他的传统活动等。普通高中阶段包括研究性学习活动、社区服务、社会实践等方面。由于没有教材，学校实施综合实践活动课程遇到的首要难题就是课程内容从哪里来的问题。

　　美国微软公司总裁比尔·盖茨 13 岁就开始捣鼓计算机编程设计，并最终取得了非凡的成就。他说过："在你最感兴趣的地方，隐藏着人生的奥秘。"综合实践活动课程强调学生的主体参与，学生真正感兴趣的问题，是综合实践活动课程最主要的内容。

　　但是现实中，学生的问题意识和提出问题的能力到底如何呢？南京信息工程大学附属高新实小的苏静老师以三至六年级学生为对象，作过一项问卷调查，结果见表 4-1。

表 4-1　学生提问情况调查表

项　目	选　项			
你在选题课能提几个问题？	0 个	1～2 个	3～4 个	5 个以上
	18%	47%	24%	11%
你不提问题是因为什么？	没有问题	不敢提问	不知该怎么提	不想提
	34%	22%	30%	14%

项　目	选　项		
在右边的选项中进一步选择原因	担心提错了或太简单，被教师说（63%）	不知道该怎么说出来（87%）	老师对我的评价一直不高（72%）
	担心提错了或太简单，被同学笑（25%）	已经被其他同学说过了（11%）	老师给的时间不够思考（18%）
	其他（12%）	其他（2%）	其他（10%）

学生在综合实践活动中的问题意识存在以下问题：

一是没有问题可问。虽然82%的学生做到了至少提一个问题，但还有18%的学生一个问题也提不出来。

二是不敢提问。22%的学生不敢提问，63%的学生担心自己提出的问题是错误的或者太简单被老师说，这导致学生因害怕而不敢提出问题。

三是不想提问。数据表明，活动中不想提问的学生有14%；72%的学生反映教师采用直接评价的方式，且对自己的评价一直不高；18%的学生反映教师没有给学生创造适宜的思考时间与空间，这严重束缚了学生问题意识的发展。

四是不善提问。数据显示，许多学生不能很好地将自己的想法表达清楚，或者提的问题与课堂内容关联性很低。有部分学生思维比较活跃，但因为担心"问不好"或"问不明白"，或者曾经有过提问，但词不达意，与自己的思维不符合，老师不理解自己的意思，从而导致他们不提问题。①

怎样为学生创设安全的提问环境，鼓励学生提出问题，并形成在生活中善于观察和积累问题的习惯？南京市南湖三小针对不同年级的学生，提出不同的要求：

① 苏静．综合实践活动中学生问题意识培养现状的调查研究［R］．南京，2013.

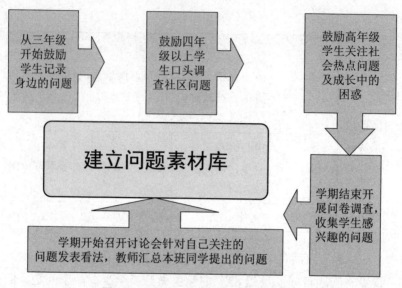

图 4-1　南湖三小对不同年级的要求

根据学生提出的问题，学校进行汇总和整理，最后形成每个年级的推荐研究课题：

表 4-2　南湖三小 ×× 学期学生研究推荐课题目录

年　级	人与自然	人与社会	人与自我
三	校园的春天	生活中的垃圾	做事情要有条理
	探秘身边的昆虫世界	今天做报童	学会遵守交通规则
	植物的一生	金陵美食	独自一人出门
四	鸟类探秘	走近老人	我的身体
	奇妙的植物家庭	可怕的白色污染	学会设计广告
	生命之源——水	绿色选择	我是小小救护员
五	海洋鱼家族	走进茶文化	今天我当家

有了这些学生提出的问题，综合实践活动课程的内容就有了基本的依托。还有的老师在实践中，为了培养孩子善于观察、勤于提问的习惯，专门设计了问题卡，问题卡从形式到内容都没有固定的模式，学生可以采用自己

喜爱的方式来设计。从活动主题的确定，到活动计划的制订，再到活动过程的体验，无论哪一个环节发现问题，都要求学生及时记录下来，通过自身努力和小组合作解决问题，记录问题的答案，更要记录解决问题的方式、方法和过程。

以下是学生设计的问题卡：

图 4-2　问题卡 [①]

有了平时的积累，学生发现和提出问题就不再是难题。在选题课上，每位学生把自己平时记录的问题写在事先准备好的"研究主题搜集卡"上，按感兴趣的程度依次排列，最想研究的问题写在第一个。依次在四人小组、十人大组和全班进行交流，推选出全班同学最想研究的 4～5 个问题，作为本学期班级的研究主题。每一个获选的问题都会张贴在班级的布告栏里，它们的小作者也都会得到一枚"金点子"奖章，盖在"研究主题搜集卡"上。同

---

① 邓星佳，等 . 问题卡记录社会公共问题［OL］.2011-03-01［2016-08-05］,http://www.lgpxx.com/webs/articleRead.aspx?ID=6151&quot.

时，教师和学生还会根据学期特点、季节变化、社会新闻、国家大事等因素，适时调整和修改研究主题，力求保证研究主题都是学生最感兴趣的内容。问题卡的设计，有利于培养学生平时善于观察、勤于思考、敢于提问的好习惯。

学校传统活动的课程化改造

学校传统活动也是综合实践活动课程内容的重要来源。每一所学校都有很多的班级活动、少先队活动、节日活动以及其他的传统活动等，比如体育节、艺术节、科技节等，这些活动本身就属于综合实践活动的非指定领域。综合实践活动课程并不是一门全新的课程，而是在对学校原有传统活动继承基础上的超越与创新。学校的传统活动往往历史悠久，模式成熟，比较充分地体现了学校的资源优势和办学特色。另一方面，学校的传统活动也因为历史悠久，其体现的教育理念有的已经比较陈旧，某些活动出现模式化、形式化的倾向，存在活动的组织实施不太注重学生的兴趣和主体参与等弊端。

为此，我们可以运用综合实践活动的理念，通过主题贯穿提升活动深度、增加充满时代气息的内容、注重学生的主动策划和参与、加强活动的探究性以及注重对活动进行评价反思和完善等几个方面，将学校的传统活动改造、整合成为综合实践活动课程实施的内容。江苏省教育厅颁布的《江苏省义务教育综合实践活动课程纲要（试行）》中，对学校传统活动改造提出了如下建议：

表 4-3　学校传统活动的改造一览表（示例）

学校传统活动	建议开展的主题综合实践活动
常规活动（如国旗下讲话、开学典礼、毕业典礼、春游、秋游、家长会等）	我是小小升旗手、我的毕业典礼我设计、带着课题去春游（秋游）、别开生面的家长会
班团队活动	走进家乡、环保小卫士、我是爱心小天使

学校传统活动		建议开展的主题综合实践活动
节日活动	六一儿童节	我的节日我做主、我的未来我设计、传统游戏研究
	传统节日活动	走进重阳、春节习俗的研究、中秋月饼的制作、传统节日的研究、设计我们自己的节日
艺术节活动		我是小小艺术家、世界经典诗歌朗诵会、世界经典影片展播、世界名画临摹比赛、世界知识状元榜、挑战双语主持人擂台
体育节活动		班级趣味运动会的组织与策划、国际奥林匹克运动会、世界民族运动会、五洲城市运动会、制订我的健身计划、运动健康的研究
科技节活动		我身边的小发明、多功能课桌的设计与制作
读书节活动		中小学生阅读现状的调查研究、图书漂流创意活动设计
学生社团活动		影视文化研究、走进动漫、创意广告的欣赏与设计、微电影的制作、学生出版社的运作
主题教育活动	环保教育活动	低碳达人、水污染的研究、PM2.5 的测量与研究
	安全教育活动	地震的危害与防范、校园安全你我他、交通安全问题研究、安全知识小擂台
	禁毒教育活动	毒品的危害、远离毒品社区宣传活动
	心理健康教育活动	学生心理健康现状调查、"优点大轰炸"、做自信的我、做情绪的主人
社会实践活动	社会体验类活动	军事知识我知道、现代兵器研究
	参观考察类活动	考察垃圾发电站、家乡特色文化的研究
	社会服务类活动	交通文明伴我行宣传活动、社区爱心义卖活动的策划组织

　　学校传统活动的课程化改造不仅有利于学生能力的全面培养，还可以减轻学校的负担。现阶段学校接受上级部门的任务多、要求多，学生课程门类

多、任务重，迫切需要将诸多零散的教育教学活动加以整合；另一方面，综合实践活动也需要具体的内容和坚实的活动基础。比如，德育部门常常组织学生开展爱心捐款、爱心义卖等活动，有的学校就在校园内成立一家爱心超市，交给学生全权运营这一实体性质的项目，强调公益和爱的运营特色与主题，把学校的德育活动成功改造为综合实践活动，取得了很多意想不到的教育成效。再比如，很多学校都有文学社，学校可以搭建平台，让他们每学期出版几期报纸，完成选题、组稿、美工、销售等诸多流程，也具有很强的综合性和实践性。

基于学校特色资源的课程化开发

陶行知先生说社会即学校、生活即教育，综合实践活动课程需要与真实的社会生活联系起来，用社会各方面的力量，打通学校和社会的联系，培养社会所需要的人才，使学校与社会息息相关。学校要考察周边社区的特色资源，使之成为现实可行的综合实践活动课程资源。

比如说无锡市藕塘中心小学，依托学校特有的自然资源和环境特色，投资 70 万元与江苏省农科院协作规划，建设了占地近 15 亩的综合实践活动基地——藕小少年农学院。学校建设了农业科普教育长廊、小课题研究方桌试验田、小小农展馆、红领巾爱心林、红领巾小桃园、红领巾养鱼塘、红领巾小花房、葡萄种植长廊及蔬菜种植试验大棚等项目，形成了农业类、果蔬类、花草类、科普教育类、社区活动服务类和传统活动类等六大系列的学生活动资源包，为综合实践活动的开展提供了丰富的课程资源，并自主编写了12 册师生实践用书——《我们的乐园——走进少年农学院》。学校每周安排 2～3 课时，开展丰富多彩的活动。

南京市孝陵卫中心小学坐落在紫金山脚下，背靠大山，自然资源丰富；紫金山，也是座文化名山，中山陵、明孝陵、灵谷寺、天文台等名胜古迹藏匿于此，历史文化资源的丰富是毋庸置疑的；学校周边还有体育公园、体育学院、理工大学、农业大学、农业科学研究院、地震局等高等学府、科研院所，还有独立营、陆军干休所、第二测绘导航基地等部队营地。学校对周边资源进行了梳理，归结为三大类：自然资源、社会资源和历史资源。怎样整合这三类资源，对综合实践活动课程进行校本化的设计与实施，保证主题式实践活动尽量涵盖儿童的全部经验领域？学校请来了专家、教授，还发动全校教师和家长，大家一起"头脑风暴"，最后形成了包括"亲近自然、走入社会、触摸历史、学会生存"四大领域，"生物与环境的关系、自然环境、生物多样性、日常生活的能力、紧急救护的能力、应急处理、改朝换代的历史、他们是怎么知道的、不断变化的社会、社会责任与行动、社会组织、了解社会"12个版块的"孝小孩子必做的60件事"全经验课程。这60件事情包括：在草地上打一个滚、夜晚观察过月亮和星星、看过飞舞的萤火虫、和环卫工人一起扫过街、做过志愿者、策划并实施过一次赚钱活动、创客小集市、跳蚤市场买卖东西、做一次果汁去卖、策划并实施一次周末家庭活动、参观一次污水处理厂、走进下马坊、手绘一张以前的交通工具、参观三年前的农业村落、制作一个过去的玩具、玩一玩过去的游戏、紫金山野菜调查、参加一次和明孝陵有关的申遗活动、低年级校园动植物大调查、下马坊生态环境调查、养蛐蛐、记录不同季节影长等。

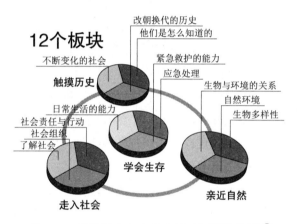

图 4-3　孝陵卫中心小学全经验课程结构图 [1]

　　60件事分散在六个年级，每个年级10件事。60件事，并不都要求老师来完成，老师重点指导的就是主题式实践活动，按照"准备—策划—实施—展示—总结"五个主要环节来开展，每学期重点完成一件。也可以是同学自选主题，自由组合，小组成员合作完成，如养蛐蛐、记录不同季节影长等。还可以发挥家长的作用，开展亲子活动，如看萤火虫、观察天相。亲子活动后，家长打个钩，孩子则可以写下自己的感受。借助家庭、社会的力量，多种形式地开展综合实践活动，让孩子更多地去亲近自然，了解社会，触摸历史。

---

① 霍建华.孝陵卫中心小学全经验课程介绍［R］.南京，2015.

学科教学中渗透和拓展

学科课程中渗透探究的学习方法，既有利于学科内容的深度学习，又有利于探究性学习方式的内化。各学科都可以在学科内挖掘综合性话题，开展综合性学习。以语文为例，无锡市洛社初级中学开展了"为父／母写一份传记"的综合性学习，学生通过反复观察、采访、文字的创作和修改，切实感受到父母生活的真实情况，了解父母的成长经历和他们对生活的各种渴望，学会用多种方式表达复杂的事，学生获得了多方面的成长，这次活动的经历也为他们各种各样的作文考题提供了生动的写作素材。

学科教学中渗透研究性学习，主要思路是加强学科知识与学生的生活经验、当代社会发展的内在联系，强调课程的综合性，以学习者的经验、社会需要和问题为核心进行课程整合。

江苏大丰实验小学将学生在语文学科中运用的"剪贴本"（即学生进行日常阅读、搜集资料、摘抄美文、剪贴报纸杂志的小册子）进行了改编，制作了名为《行知苑》的学生综合实践活动手册，以此为载体，引领学生主动积极地参与丰富多彩、形式多样的综合实践活动。

《行知苑》包括五篇十二个栏目，即剪贴篇、摘抄篇、发现篇、应用篇、创造篇，每篇都有许多丰富多彩的栏目，如生活百科类、文字类、词句段、我的小发明、百草园、动物类、植物类……

学校找到了有利于综合实践活动课程开发、实施和评价的有效载体，创新了综合实践活动课程的实施模式，学生也在此过程中编写着个性鲜明、风格独特，体现自己成长历程的"百科全书"。

而国外的中小学，我们很多时候看不到单独设立的类似综合实践活动课程这样类型的课程，但是，当我们去看他们的学科教学的时候，发现他们的学科教学几乎都在体现着"综合实践活动"的理念。比如，在《美国作业难倒中国老爸》这篇文章中，一名中国高中学生到美国读高三时，发现老师布置的作业基本上都是需要通过"研究"才能完成的。在"美国历史"这门课上，老师布置的作业如下：

"公民权利"研究论文 ①

要求：在3到5页纸之间，打印出来，要双空行，至少用3种资料来源（如网络，书籍等），至少有5句引文。

对比以下四人关于黑色美国（Black-America）的观点：Booker T.Washington（布克·华盛顿）；W.E.B.Dubois（杜伯依斯）；Martin Luther King，Jr（马丁·路德·金）；Malcolm X（马尔科姆·X）。

在你的论文里，应该控制关于他们生命的故事，我不想读传记。但是，需要把每个人介绍一点，还必须纳入贴切的材料在你的论文中。然后，讨论他们关于黑色美国的观点，要把你的想法写进去。还要把你的引文或材料的来源列出来，比如某某网页，某某书。

关于美国的南北战争，老师布置的作业：

1. 你是否同意林肯总统关于美国不能存活除非它全部解放或全部奴役的声明？

2. 为什么北方白人反对奴隶制，南方白人拥护奴隶制，但他们都感觉他们在为自由而战？

3. 自由对于黑人意味着什么？

4. 林肯总统和格兰特将军表示在内战后，南方不应被粗鲁地对待。为什么这是一个聪明的政策？

5. 在内战期间，女人开始担任很多以前男人的工作。你能对由于内战造成的社会、经济和政治冲突的问题作出怎样的概括？

6. 构造一个争论，运用历史证据来支持或反对下面的观点：美国内战是地区差别不可避免的结果。

---

① 端木.美国作业难倒中国老爸［J］.意林（原创版），2013（2）：44.

美国的历史也有教科书，但老师上课从来都不讲，都是让学生回家看。老师上课有时给学生放录像，讲的东西都是教科书上没有的东西。作业就是给学生好多材料去读，然后回答问题或找重点，还通过让学生做一些有意思的作业来记住知识。比如自己编单词填词游戏，画时间线，和同伴一起完成地图、海报之类。工作量特别大，但学生有兴趣。

由此，我们可以看到，综合实践活动课程的理念可以渗透在学校教学的方方面面，当很多老师抱怨学校领导不支持综合实践活动，不知道怎么上综合实践活动课程，没有时间让学生做研究性学习的时候，能不能首先尝试一下在自己平时的学科作业布置中，设计一些有挑战性的、实践性的、研究性的问题让学生去探究一下呢？

共性研究主题合作开发

让每一所学校和老师完全自主开发综合实践活动课程的内容，是一件异常艰辛、困难重重的工作。首先是老师的课程意识和能力的限制，其次是综合实践活动课程的老师大多是兼职老师，没有太多的精力投入到课程开发中来。而且每所学校各自开发，也存在着很多的重复和资源浪费现象。当前的中小学生，他们所处的社会环境，他们感兴趣的问题话题，他们面临的困惑迷茫，其实有很多的共性。

2014年，我们组织了江苏省内优秀的综合实践活动教研员、特级教师、骨干教师合作开发小学综合实践活动课程资源。在这之前，我们进行了一系列的学生、家长、教师问卷调查与访谈，对当前小学生的现状和问题进行了了解。以下是常州武进区教育局教研室钱新建老师的调查研究结果：

表4-4　3—6年级学生调查结果

	学生特点	问题与不足	能力培养重点
三年级	学生的好奇心较强，对身边的事物有广泛的兴趣；喜欢具体的、操作性强的活动主题。	对研究性主题缺乏兴趣；缺乏问题意识，提问没有针对性，难形成研究的小主题；方法比较单一，大多依赖网络，在百度中寻找答案；小组合作意识不强、缺乏经验，组内的分工往往不能落到实处，经常出现组长一人包办或全组无人问津的现象。	应重点培养学生发现和提出问题的能力、小组合作的意识和能力；重点关注与操作活动有关的方法指导，如观察、测量、记录、工具的认识使用等。

	学生特点	问题与不足	能力培养重点
四年级	学生对综合实践研究活动的兴趣比较浓厚，乐于参与；能与同学积极配合，共同研究；部分学生参与了一些调查、采访、整理资料等活动，主动性强。	学生活动能力的差异增大；活动方式比较单一，活动范围比较狭小；课外活动或者双休日活动，如果没有老师亲自组织，活动效果不佳。	应重点培养学生解决问题的能力；重点关注解决问题基本方法的指导，如查找、收集、实地考察、动手实验等。
五年级	学生已经具备了一些综合实践活动的能力，对于资料的搜集、整理工作已经比较熟悉，能够围绕研究目的进行研究性学习，对于实践类的课题比较感兴趣。	对于采访、调查、实地考察等方法还比较陌生，缺乏经验，实际效果比较差；活动中对教师和优秀学生的依赖性大。	应重点培养学生的活动策划与组织能力、表达与交流的能力；重点关注社会实践类方法的指导，如采访、调查、宣传等，研究资料的整理、研究报告撰写等。
六年级	学生的自主意识进一步增强，能就自己关注的内容提出问题，具有设计活动方案的一般能力，对研究的方法和过程基本了解，能以小组为单位较为有序地进行小课题研究活动，在活动过程中能有意识地搜集图片、文字、视频等各类信息，并进行 PPT 等形式的成果展示。	学生活动能力发展的差异比较明显；学业负担与压力相对较重，开展研究活动的时间不能保证。	应重点培养学生的创造性思维能力、评价反思的能力；注重对学生活动方法规范性、系统性的指导，提高学生运用活动方法的实际水平。

在一系列调查研究的基础上，围绕江苏省教育厅颁布的《江苏省义务

教育综合实践活动课程纲要（试行）》中制定的综合实践活动课程细化目标，我们从活动内容、活动方式、方法指导、能力培养、评价方式的多维结构进行整体设计，开发了 32 个大单元、128 个活动主题。以下是三年级的活动主题目录：

表 4-5　三年级的活动主题

自理小能手	自己的书包自己理	爱心小天使	爱心义卖
	简单的衣物自己洗		和小动物交朋友
	我的双休我做主		迷你盆栽
	我的房间我打扮		给身边老人送温暖
开心小玩家	走进传统游戏	父母小帮手	跟着妈妈上菜场
	父母小时候玩什么		走进家务劳动
	最受小朋友欢迎的游戏		小小会计师
	游戏梦工厂		给爸爸妈妈过生日
环保小卫士	节水小达人	校园小主人	校园绿化调查
	生活垃圾巧分类		我们的课间十分钟
	变废为宝		我的岗位我负责
	家庭节能小窍门		我给集体献一计
运动小健将	身边的"运动场"	阅读小蜜蜂	我与好书交朋友
	一周运动"菜单"		阅读兴趣小调查
	运动风采"展示台"		读书方法知多少
	组建我们的运动队		巧手做书签

　　在活动设计中，我们也渗透了 3—6 年级学生在综合实践活动中要运用到的各种方法。在课程资源建设中，我们还绘制了详细的活动分析表，不仅给老师具体的活动内容设计建议，还给他们清晰的活动目标、能力目标、方法指导重点、评价建议，多维建构立体的活动地图，为教师指引方向。以下是三年级上册的活动分析表。

表4-6 三年级上册的活动分析表

单元名称	活动主题	活动目标（代号）	活动内容	八大基本能力（主要培养的能力）	方法指导重点	评价	课时建议
自理小能手	自己的书包自己理	Q1 Q4 Q5 N1-1 N2-1 N3-1 N5-1 N8-1 N8-2	认识我的书包；盘点我的书包；整理我的书包；改良我的书包	发现和提出问题的能力；团队合作能力；组织规划能力；动手操作能力；反思与自我管理能力	分类整理	改良后的书包照片	5
	简单的衣物自己洗		我能理；我会洗；我来晒		洗涤	洗涤成果评价表	6
	我的双休我做主		聊聊现在的双休；说说向往的双休；设计以后的双休		计划	双休日活动记录	5
	我的房间我打扮		我的房间我整理；我的房间我打扮		问卷调查	房间整理体验日记	5
开心小玩家	走进传统游戏	Q3 Q5 Q7 N1-1 N2-1 N4-1 N4-2 N4-3 N5-1 N6-1 N7-1 F2-1	认识传统游戏；寻找传统游戏；玩玩传统游戏	发现和提出问题的能力；团队合作能力；信息搜集与处理能力；动手操作能力；沟通表达能力；观察能力	制作	传统游戏研究计划与报告	4
	父母小时候玩什么		采访父母；亲子互动		采访	我与父母亲子活动的照片	4
	最受小朋友欢迎的游戏		问卷调查；网络游戏利弊大家谈		问卷统计；组内交流	网络游戏利弊大家谈记录卡	4

单元名称	活动主题	活动目标（代号）	活动内容	八大基本能力（主要培养的能力）	方法指导重点	评价	课时建议
开心小玩家	游戏梦工厂		改良老游戏；设计新游戏；多彩嘉年华；巧手梦工厂		改良游戏；展示与推广；游戏设计；制作	我的DIY游戏道具	5
环保小卫士	节水小达人	Q2 Q3 Q4 Q5 Q6 Q7 N1-1 N2-1 N3-1 N4-1 N6-1 N7-1 N8-1	谈谈水的重要性；考察水污染状况；调查浪费水现象；争当节水智多星	发现和提出问题的能力；团队合作能力；组织规划能力；信息搜集与处理能力；沟通表达能力；观察能力；反思与自我管理能力	实地考察；收集	水污染考察报告	9
	生活垃圾巧分类		生活中的垃圾；生活垃圾巧分类；垃圾中的学问；垃圾分类的体验		外出参观考察	"生活垃圾巧分类"体验日记	6/7
	变废为宝		了解变废为宝；学习变废为宝		发现问题；搜集资；自己制作糨糊	变废为宝作品照片	4
	家庭节能小窍门		了解家庭节能的现状；学习家庭节能的妙招；		节能妙招；制订方案	宣传活动体验日记	4

单元名称	活动主题	活动目标（代号）	活动内容	八大基本能力（主要培养的能力）	方法指导重点	评价	课时建议
运动小健将	身边的"运动场"	Q1 Q2 Q3 Q5 N1-1 N2-1 N3-1 N4-1 N8-1 N8-2	认识运动场；哪里可以运动？运动场所我考察；展示身边的运动场	发现和提出问题的能力；团队合作能力；组织规划能力；信息搜集与处理能力；反思与自我管理能力	实地考察；测量	身边的运动设施地图	6
	一周运动"菜单"		认识运动项目；设计我的运动项目；设计我的运动"菜单"		讨论；请教；计划呈现形式	我的一周运动"菜单"	6
	运动风采"展示台"		运动小能手；班级运动会；活动宣传栏		活动策划方案；成果展示	"班级运动会"专题小报	5
	组建我们的运动队		介绍喜欢的运动队；组建我们的运动队；运作我们的运动队		方案；组建团队	"我的运动队"组建方案	6

备注：活动目标中的代号与《江苏省义务教育综合实践活动课程纲要（试行）》中的课程目标要求一一对应，Q代表情感态度价值观和知识目标，N代表能力目标，F代表方法目标。

通过这样的共性主题内容的开发，避免了学校的资源重复建设，教师们在综合实践活动课程的实践中，有了基本的参考和借鉴，并能在此基础上，根据学校的具体情况和学生的需求，进行创新性的资源利用与活动开发。

课程内容的整体规划与设计

综合实践活动课程内容的开发，总体来说，主要有以下几个途径，如图 4-4 所示。

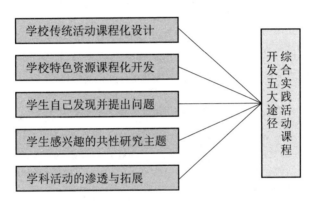

图 4-4 综合实践活动课程开发的五大途径

在对学校综合实践活动课程内容进行总体规划设计的时候，要思考：

第一，总体设计要考虑学生全面素质的培养。综合实践活动课程的内容设计要尽量考虑学生全面发展的需要，不能仅仅考虑学校课程资源的优势。

第二，从学校实际出发。我们要从学校已有的优势项目、物资设施、教师的能力特长、社区资源等方面出发，充分考虑课程受到诸多限制的现实，能够用切实的行动来落实这些设计。

第三，要有机整合学校的各类活动课程。学校的活动课程很多，比如科技创新活动、学校社团活动等，在规划设计的时候，可以有机整合学校的活动类课程，既可以形成教育合力，又可以减轻师生负担。

第四，基于学校已有课程积累，彰显学校文化。每一所学校在课程开发、资源利用、课程建设、组织管理、课程评价等方面的实践基础是不一样的，所以，学校课程规划一定要充分利用和依托学校已有的优势资源，围绕学校的办学哲学和教育文化来进行。

第五，总体规划设计与动态生成相结合。规划是为了更好地生成，在进行课程内容的设计时，要给学生和教师动态生成课程的内容留有空间。

学校要着手课程资源库的配套工程建设。综合实践活动课程的教学迫切需要具体的教学资源，学校需要在实践场地、图书资料、校外基地／辅导员、资金等方面逐步累积相关课程资源，以资源库的形式来推动课程深度发展。以无锡市洛社初中为例，在研究性学习课程实施过程中，学校深深体会到选题对于研究的重要性。学校设立了研究性学习的课题库，把每个学期中开展得比较成功的课题，收集整理并进一步凝练，储入学校的课题库，供后来的学生参考，形成洛社初中特有的文化积淀，滋养更多的洛中学子。目前，学校已收集整理几百个课题，学生可以从课题库中选择适合自己的课题来研究，也可以在这些选题的启发下提出自己感兴趣的研究课题。

表 4-7 无锡市洛社初中综合实践活动教学规划

年级	综合实践活动主题	研究方法	课程目标
初一年级	主题：学校、社区、自然。 1. 学校特色主题：人防、消防、社区活动、书法、航模等； 2. 环境保护方面的实践； 3. 身边植物种类的探索； 4. 社区服务的组织与实施； 5. 社会热点现象的调查； 6. 学校爱心超市的活动方案的设计； 7. 感恩系列活动方案设计、组织与实施； 8. 洛社社会经济人文发展水平调查。	观察法 调查法 行动研究	总目标：在活动中获得积极体验。 层级 1：进行了初步计划和活动； 层级 2：学生在活动中遭遇困难并努力尝试进行解决； 层级 3：学生部分解决了行动上的困难； 层级 4：学生通过多种途径开展活动，获得了积极体验； 层级 5：学生成功地计划、实施了某项活动，体验深刻，对自身成长富有意义。

年级	综合实践活动主题	研究方法	课程目标
初二年级	主题：自我、科学。 1.学习方法的系列探索； 2.学生心理问题的系列探索； 3.学生兴趣特长方面的选题； 4.财经与理财方面的选题； 5.理解他人生活方面的选题； 6.成为学校社团组织中活跃的一员； 7.生活中自然科学方面的选题（如植物养护方面）； 8.科学小制作（如风筝制作等）。	文献研究 访谈法 个案研究 自我报告	总目标：体验中感受研究。 层级1：学生对研究完整过程获得表面化认识； 层级2：学生生活经验与研究产生共鸣，互相有促进； 层级3：学生在研究中较科学地使用某种研究方法； 层级4：学生有一件成功的作品； 层级5：学生完整经历研究过程，研究富有意味。
初三年级	主题：学生成长需要。 1.自我学习方法、心理、兴趣特长方面的系列选题； 2.班级人际关系方面的选题； 3.初三学生生活方面的研究； 4.生活中自然科学方面的选题； 5.生活中社会热点问题的研究； 6.经济、文化、政治等与学生公民意识发展有关的内容； 7.抽象的文化、价值观方面的研究。	实验设计 研究方法	总目标：开展初步研究。 层级1：学生独立进行选题、制订计划、实施研究； 层级2：学生能多方面获得帮助，善于表达自己并探索他人观点，学会合作； 层级3：初步有意识地使用质疑、比较、综合、解构和建构等思想思维方法； 层级4：初步培养研究的意识和习惯。

聚焦八大关键能力的培养 ①

在综合实践活动课程中，我们发现并不是所有的孩子都能完成比较有质量的研究成果，怎样保证让每一个孩子都能在课程中有所得呢？作为一门活动课程，它对于学生能力的培养具有得天独厚的优势。因为能力是人们顺利完成某种活动所必备的个性心理特征，能力只有在活动中才能得到培养，也只有在活动中才能得到展现和评价。

不同的课程侧重培养学生不同的能力，每一门课程都有其强调培养的关键能力，如语文课程中的阅读能力、表达能力、文化理解与价值观判断能力，数学课程中的数学运算、空间想象、数学论证、数学文化理解能力等。相比较学科课程而言，综合实践活动课程着力培养的关键能力主要包括哪些呢？

美国《应用学习标准》提出九大能力：（1）收集、分析、整理信息；（2）交流思想和信息；（3）安排和组织资源；（4）与他人共同工作和从事集体工作；（5）解决问题；（6）使用数学思想和技巧；（7）使用技术；（8）随时根据需求进行学与教；（9）理解和设计（生产）系统。日本综合实践学习时间课程的目标：（1）信息处理的技术与能力；（2）表现的技术与能力；（3）内容思考与判断能力；（4）兴趣、关心与态度。结合国内外的相关研究和实践经验，我们提出了综合实践活动课程的八大关键能力，包括创造性思维能力、组织规划能力、合作能力、沟通与表达能力、观察能力、动手操作能力、搜集与处理信息能力、自我反思与管理能力。

---

① 万伟.综合实践活动课程关键能力的培养与表现性评价［J］.课程·教材·教法，2014（2）：19-24.

图 4-5　综合实践活动课程培养的八大关键能力

培养学生的八大关键能力，可以从如下几个方面入手：

一是树立能力培养的主动意识。教师在组织实施综合实践活动课程时，要把能力目标置于优先发展的地位。在设计和开发课程时，不仅要考虑孩子的兴趣、学校的资源、社会的热点话题等维度，更要有意识地从学生各项能力发展的角度，多维度开发和实施这门课程。

二是分解八大关键能力的基本结构要素。学生能力的培养不能仅仅停留在经验描述的层面，还要通过结构分析、要素分解等因素，明晰每一种能力形成的过程与机制，研究中小学生在综合实践活动课程中关键能力表现的理论结构模型。

三是建构中小学生八大关键能力的层级表现指标。学生的能力养成是一个循序渐进的过程，在不同的年级，学生能力发展的水平是不同的，在不同的水平阶段，学生的能力表现要达到不同的层次，通过外在的可观察的行为表现可以观测学生能力发展的水平。我们可以尝试建构中小学生关键能力表现的层级指标体系，教师明确了每种能力培养的序列，指导时就会循序渐进。

四是设计八大关键能力培养的专项训练活动。在了解能力的基本要素和结构的基础上，根据不同年龄阶段学生的心理特点，系统设计一些有针对性、有创意、有趣味、有效果的专项训练活动，使得能力培养由自然变为自觉。在实践中，老师们积累了一些比较经典的专项训练活动：

表 4-8 创造性思维的专项训练活动

专项活动设计	创新方法专题研究　问题发布会　我的新发现　思维导图的绘制　头脑风暴技能训练　金点子评选　问题对对碰　研究主题征集会
	桌椅变变脸　微型家具的设计与制作　我的个性名片设计　废品的创意改造　科幻画创作　我的创业计划　城市改造方案设计　我的房间我设计　谁的塔最高　班级 logo 设计　一张 A4 纸的妙用　我的新发现　创意沙包设计与制作　巧做乒乓捡球器　班级网页设计与制作　未来自行车创意设计　衡山路设计改造　牙刷的改造与设计　教室环境的改造与设计　学校文化景点设计　我设计的公益广告
	设计我们的班徽　体育节我做主　趣味拔河　创意家长会　玩转圣诞派对　创意泡泡秀　创意时装秀　如何让鹌鹑蛋安全着陆　我们的毕业典礼　校园空地创意设计　我的游戏我设计　旅游方案的创意设计　创意时装秀　"微创意"主题活动　水果去皮创意方法设计
	社会热点的冷思考　学生追星现象的利与弊

表 4-9 组织规划能力的专项训练活动

专项活动设计	低年级：我的书包我整理　我的房间我整理　衣服的分类与收纳　课间十分钟　班级趣味运动会的策划　今天我当家　家庭聚餐会　我们去春游　参观花卉博览会
	中年级：我的零花钱　学会理财　爱心义卖活动的组织　我的周末我设计　我的十岁生日　组建我们的运动队　"我的作息时间"　六一联欢会方案策划　给爸爸妈妈过生日　我的阅读计划卡　我的一周食谱
	高年级：我的寒假我做主　职业初体验　未来梦想秀　制订家庭旅游计划　三百六十行，行行出状元　"周末补习方案"　规划我的职业　我们的毕业典礼　仰望星空　家庭职业树　设计"周末补习方案"　我的个人专辑　组建我们的社团　我的创业计划　放飞理想

表现性评价的应用

　　表现性评价是指为学生提供一定的问题情境，通过观察学生在实际任务中的表现来评价学生发展成就的一种评价方式。运用表现性评价，不仅能考查学生知识技能的掌握水平，更重要的是能考查学生运用所学知识分析和解决问题的能力。因此，表现性评价被称为是"一种高级学习的评价方式"。[①]

　　通过比较，可以发现表现性评价的特点与综合实践活动课程的性质有着高度的契合性。（见表4-10[②]）

表4-10　综合实践活动课程性质与表现性评价的特点

综合实践活动课程性质	表现性评价的特点
综合性：超越学科中心，面向完整的生活世界，培养学生综合运用各学科知识的能力。	学生面临的问题情境是比较真实的，任务是相对复杂的，需要学生综合运用多学科的知识和技能加以解决。
实践性：以学生的直接经验为中心，以活动为主要形式，强调学生亲身参与并经历实践活动。	强调"从做中学"，主要采用实作、表现的方式，不仅关注学生知道多少，更关注学生做了多少。
自主性：在教师的有效指导下，学生自主选择学习活动的目标、内容、方式，开展自主学习、自主实践、自主反思。	尊重学生的创造性、主体性，鼓励学生自主运用知识，个性化地解决问题。

---

① 王小明. 表现性评价：一种高级学习的评价方法［J］. 全球教育展望，2003（11）：47-51.

② 钱新建. 综合实践活动表现性评价的认识、开发与运用［J］. 课程·教材·教法，2015（5）：50.

综合实践活动课程性质	表现性评价的特点
生成性：课程由师生双方在活动展开过程中逐步建构，学生的认识和体验随着活动的开展不断深化，活动的目标和主题不断生成。	评价过程即学生的学习过程，学生在完成表现性任务的过程中，不断生成学习的兴趣，促进自身的学习。
探究性：关注生活中的问题，能经历科学探究的一般过程，激发探究兴趣，积累探究经验，养成探究习惯，发展探究能力。	学生面临真实或近乎真实的问题情境，需要创造性地提出解决问题的办法，尝试行动并不断修正，直至解决问题、获得结果。
开放性：强调在开放的社会生活中进行学习，其目标、内容、学习活动方式与过程、评价与结果均具有开放性。	鼓励学生发散性思维，允许答案多样化，提倡用自己喜欢或擅长的方式呈现解决问题的结果。

表现性评价是一种真正体现综合实践活动课程实施理念的评价方式。运用表现性评价的方式，通过设置若干的情境或具体的任务，让学生去完成某项任务，通过学生完成任务的具体情况表现，就可以对其关键能力的发展情况作出较为准确的判断。表现性评价的方式多种多样，常见的形式有演讲、辩论、模拟表现、表演、实验、调查、项目设计、社会调查、创作一首诗歌或一件艺术作品、操作仪器的方法演示、观察、调查问卷、调查报告、作品展示、访谈、书面报告、作文、演说、操作、实验、资料收集、作品展示、时政评述、成果汇报、小论文、研究性学习报告、表演小品或短剧、模拟听证会或拍卖会、设计手抄报或时政板报等等。

表现性评价的程序一般包括：（1）确定评价内容，研制评分细则；（2）设计评价任务；（3）创设情境，学生完成任务；（4）对照评分细则，对学生任务完成情况进行评判。以下是一个整体性评价所使用评判规则的简单实例。

表 4-11　组织规划能力整体性评价规则 [1]

评价内容	组织规划能力	
课程目标	初步形成有计划地解决问题的习惯，能构思一个完整的计划，计划应包括需要考虑的相关要素和情况，计划应表明事情的顺序并考虑资源的运用。	
表现任务	为了引起大家对小学生近视问题的关注，采取措施控制和降低小学生近视率，请你们策划一次小组活动（写出活动名称、参加对象、活动的主要过程，并简要说明组织这次活动有什么意义）。	
评价建议	等级	表现描述
	A	活动设计能紧扣目标，有创意；参加对象明确；活动内容与形式恰当，环节安排合理；对活动意义有较深刻的理解。
	B	活动设计能围绕目标；参加对象明确；活动内容与环节安排清楚；对活动意义有基本的认识。
	C	活动设计脱离目标要求；参加对象不够明确；活动过程空泛。

　　表现性评价的引入，使得从学校层面和区域层面对综合实践活动课程进行质量监测成为了可能。比如江苏省常州市新北区龙虎塘实验小学在实践中，通过表现性评价的方式，对不同学生的不同能力表现进行考察。

表 4-12　常州市新北区龙虎塘实验小学综合实践活动表现性评价方案

年　级	考核能力	考核内容	考核形式
三年级	提出问题能力	学生主题式提问、围绕主题细化分解小课题	问卷式提问考核；统一设计主题，由学生小组合作分解小课题。
四年级	小组合作能力、规划能力	小组合作制订活动方案	提供主题，由学生小组合作制订活动方案（包括活动内容、具体分工及展示形式等）；现场指名小组交流活动方案。

<hr>

[1] 钱新建.综合实践活动表现性评价的认识、开发与运用 [J].课程·教材·教法，2015（5）：52.

年　级	考核能力	考核内容	考核形式
五年级	访谈法的运用能力、组织规划能力、合作能力	围绕主题设计采访稿并能现场采访	小组合作设计采访稿，并学会小组分工；现场指名小组模拟采访。
六年级	研究水平和各项能力	小组合作成果展示	各班围绕本学期研究主题组织各小组进行成果展示

　　为了考查学生的发散性思维和提出问题的能力，小学三年级的考核内容是这样设计的：如果我们想以"快乐的春节"为主题开展综合实践活动，那么可以把这一个大主题分解为几个小课题来开展研究活动呢？请把你们的想法罗列出来。

表 4-13　"快乐的春节"小课题

课题一	
课题二	
课题三	
课题四	
课题五	

　　为了考查学生合作制订方案的能力，小学四年级的表现性评价是这样设计的：

表 4-14　我们想这样研究课题！
——四年级"中国年俗研究"综合实践活动学生课题研究方案

我们的小组名称	
我们的组长	
我们的组员	
我们的研究小课题	

我们的指导老师（包括老师和家长等）	
我们的研究过程与具体分工（想清楚活动分几个内容、如何开展、如何分工合作、需要哪些准备、需要谁的协助、资料如何积累等）	
我们的研究形式（如调查、采访、上网搜索、观察日记、图书馆查询、资料学习等）	
我们的成果展示（想清楚展示的形式、小组成员如何分工、从哪些方面展示、多媒体如何设计、资料如何呈现等）	

　　表现性评价也适用于区域综合实践活动课程实施质量监测。江苏省常州市于 2010 年起每年组织一次全市的综合实践活动课程实施质量的抽样监测，均采用了表现性评价的方式，收到了较好的实践成效。这种评价是嵌入教学过程中的，既是测验又是有效的教学活动，这种评价方式比档案袋评价、评价量表打分更加能测试出不同层次学生各项能力的具体情况和学生之间的能力差异，是非常适合综合实践活动课程的有效评价方式。

第五章

课程统整：超越学科中心

课程整合把课程更加置于生命之中。它服务于年轻人，对这些年轻人来说，课程是他们想要的。（詹姆斯·比恩）

追问：课程统整的背后是什么？

人们经常把课程统整定义为"课程的整合或课程的综合化，并认为课程统整包括知识的统整、经验的统整和社会的统整"。[①] 其实，"整合"或"课程的综合化"只是课程统整局部的、外在的表现，并没有涉及课程统整的本质内涵。课程统整的理念背后蕴含着关于知识论、价值观、课程观等不同的假设。要理解课程统整的本质，必须先深究其背后所蕴含的假设，否则，课程统整只是一种技术，只会将学生带上一条不知何往的道路。

"统整"首先是一种思维方式。众所周知，东西方的思维方式存在差异。西方主要是分析式思维模式，注重分析和个性，东方主要是整体式思维，强调关系和整体性。西方是"一分为二"，东方是"合二为一"。有这样一个比喻，来形容东西方的思维差异：西方表示仙女，是在仙女身上画上一对翅膀，于是出现了天使；而东方表示仙女，则是在仙女的脚下画上一朵云。可见，西方的思维强调个体本身，东方的思维方式则是强调个体与环境的关系，把个体放在一个整体的环境里来考量。

在西方，从伽利略以来的四百年中，自然科学走的是一条分析的道路，越分越细，现在已经分到层子（夸克），而且有人认为分析还没有到底，还能往下分。科学的发展不只是带来了劳动分工的优点，也带来了超级专业化以及知识的分割和隔离的弊病，它不只是产生了知识和明了，也产生了无知和盲目。近代以来，我们的社会发展受到了西方思维方式的重大影响。在我们看来，科学是唯一的真理，科学的思维方式也是绝对正确的。但是，随着社会的发展，我们发现科学和科学思维本身就存在着不足。由于受科学分析

---

① 段俊霞，潘建屯.课程统整中经验统整的问题与对策［J］.教育理论与实践，2014（2）：43-46.

思维的影响，我们的知识在学科之间被不断分离、肢解和箱格化，但社会的现实问题却愈益变成多学科性的、横向延伸的、多维度的、跨国界的、总体性的和全球性的，这两者之间的不适应变得日益宽广、深刻和严重。[①] 我们开始反思科学的局限和科学思维方式的问题。

法国著名哲学家埃德加·莫兰提出了"复杂思维范式"，他批判了西方割裂、简约各门学科的传统思维模式，通过阐述现实的复杂性，寻求建立一种能将各种知识融通的复杂思维模式。他提出我们要反思我们的认识方式，对我们的认识方式重新认识和反思。我们要善于抓住总体和基本的问题，并在这个框架内整合部分和局部的认识。他认为对部分的认识依赖于对整体的认识，而对整体的认识依赖于对部分的认识。整体具有的一些性质或属性是各部分在彼此孤立的情况下所没有的，而部分的某些性质或属性也可能为来自整体的约束所抑制。对于孤立的信息或资料的认识是不够的，必须把信息和资料放置在他们的背景中，以使他们获得意义。[②]

埃德加·莫兰的观点给了我们很多的启示，我们的教育问题与社会问题既是非常相似的，也是非常复杂的、整体的，光用分析的、抽象的、局部的方法很难解决。其实在教育领域，很早就有一批教师、学者尝试用整体的思维来进行教育教学和解决教育问题。比如说语文特级教师薛法根倡导的组块教学，就是反对将语文割裂成零散的碎片，而是用一个个相对完整的活动来组织教学。著名数学特级教师孙维刚提出的结构教学法，也是强调八方联系，学生学习知识的时候"既见树木，又见森林"。再比如窦桂梅的主题教学，某些学者提出的整体语言教学等，都是认识到了整体思维方式在教育教学中的重要性。

因此，课程统整不仅是一种技术，更是一种思维方式和认识方式，要求我们用联系的、整体的眼光看待学校的课程开发与建设。课程统整不仅仅是将几门学科的知识进行整合，还要求我们对学习的本质、知识的组织和使用、教育经验的意义、学校教育目的、课程管理、教学策略、学习方式、评价标准的改变等进行整体的考虑。而且，课程统整是要弥补分科课程的不足，超越学科中心的教育格局，但并不是要完全取代或者取消分科课程。

---

① [法] 埃德加·莫兰. 复杂性理论与教育问题 [M]. 陈一壮，译. 北京：北京大学出版社，2004：24.

② 同上：25.

当下教育情境中课程统整的现实意义

课程统整是一个当前在基础教育领域较为流行的概念，很多学校都在盲目地效仿或照搬其他学校课程统整的做法，却并不真正理解课程统整的意义。在当前的学校教育情境中，课程统整的现实意义主要体现在以下三个方面。

一、有意义的学习本身就是一种知识与经验的有机统整过程

什么是有意义的学习？怀特海说过，当一个人把在学校学到的知识忘掉，剩下的就是教育。可见只有当知识和人的认识结构、经验体系发生反应，在人身上留存下来的东西才是学习应该追求的。瑞士心理学家皮亚杰用"图式""同化""顺应""平衡"的概念来阐释人的学习过程。所谓的学习就是每个人基于自己的认知结构，通过同化、顺应，将外在知识和自己已有的认知结构和经验进行有机统整的过程。

美国学者大卫·珀金斯提出了"脆弱知识综合症"的概念，他认为学生学习到的很多知识都是非常脆弱的。"脆弱知识综合症"在当前我国的基础教育中，广泛存在。学生学到的知识大都是为了应付考试，脆弱而肤浅，不堪一击。学生很难把这些知识跟自己的生活经验有机统整，并运用到自己的生活中去。因此，课程统整的首要价值就是引导学生进行有意义的深度学习，通过割裂的、碎片化的知识的整合，通过知识与学生已有生活经验的联结，引导学生基于个人认知结构的自主知识结构，真正形成有生命力的、个人化的、"活化"的知识。

二、课程统整更有利于大脑的协调运作和创造性思维的发生

大脑的学习是以"模块"的方式进行的复杂学习。统整课程能协助学生创造"模块"与"联结"，将知识和生活结合起来，以促进其更深入地理解所学的概念，并迁移到另一个情境中。

课程统整还有利于左右脑的协同学习。人的左脑负责语言，用语言来处理信息，把看到、听到、触到、嗅到及品尝到的信息转化成语言来传达。左脑主要控制着知识、判断、思考等，和显意识有密切关系。右脑的五感包藏在右脑底部，可称为"本能的五感"，控制着自律神经与宇宙波动共振等，和潜意识有关。右脑将收到的信息以图像的方式来处理，瞬间即可处理完毕。如果让右脑大量记忆，右脑会对这些信息自动加工处理，并衍生出创造性的信息，也就是说，右脑具有自主性，能够发挥独自的想象力、思考力，把创意图像化。

在当前的基础教育背景下，学生创新思维和创新能力的培养是教育教学改革的重点，学生创新能力的缺失与我们教育体系中过于注重左脑学习，注重语言文字信息的"灌输"密切相关。

课程统整下的学习由于涉及各个学科，可以激发学生多种感官参与到学习中，并促使学生用自己的优势智能展开学习，多样化的学习方式和多元的学习内容，有利于激活大脑，促进左右脑协调发展，促进学生创新思维与能力的发展。

三、课程统整有利于克服分科教学中个体责任感下降、孤军奋战、视野狭窄等弊端

分科教学和科层制管理体制中，教师之间分工明确，但是学科与学科之间、部门与部门之间缺乏合作的意识与有效机制。长此以往，教师个体责任感不断下降，每个人都觉得只要完成自己分内的事情就可以了。大多数教师都是在封闭的状态中孤军奋战，教师们只对自己负责的学科教学和部门职责负责，学生的整体发展无人问津。而且，由于长期的分科教学，教师往往只对自己负责的学科感兴趣，慢慢造成了知识结构滞后、视野狭窄等弊端。

课程统整有利于教师跳出学科的局限，领略其他学科的"风景"，在共同开发"统整课程"的过程中，教师合作的意识增强了，交流交往的机会更多了，学生意识更强了，"课程创生"的能力也大大提升。课程统整有利于开拓教师的专业视野，促进教师的综合性学习和终身学习。

学校课程建设实践中的课程统整

运用课程统整的理念来看待学校的课程建设与开发，课程统整就是一种兼容并包的课程开发理论。学校课程目标的制定、课程结构的规划、课程内容的开发乃至课程实施等各个环节都要用整体的、联系的眼光去看待，课程统整的理念时刻提醒我们要始终将课程建设与学生发展紧密结合。

一、建构理想的完整儿童图像

比恩曾以"拼图游戏"来说明统整课程的意义：想象一下玩拼图游戏的情景，当一堆图块呈现在眼前，通常我们必须先有一个图像作为指引。个别的图块也许毫无意义，只有当这些图块被组合起来时，它们才会显现出意义来。[①]

学校的课程或课表正像玩拼图游戏一样，各个科目或学科、活动和学生经验等课程成分就是拼图游戏中一个个的图块。学校或教师在编写课程或教学计划时，必须先有一个理想的儿童图像作为指引，方能将分立的课程成分，组成具有整体性、意义性的学习内容。否则，学校课程或课表只是一种随机的拼凑或无机的组合，而不是有意义的有机组合。

为此，学校课程建设的首要任务就是建构理想的完整儿童图像，思考教育最根本的目标：想要什么样的教育？想要把孩子培养成什么样？在设计儿童形象的时候至少参考以下几个方面：儿童特质与需求；国家教育目的与政策；课程标准或课程纲要；地方教育规定与特色；学校教育发展历史、目标与发展愿景；社区与家长的期望。只有将以上六个方面的要求整合形成清

---

① 游家政.学校课程的统整及其教学［J］.课程与教学，2000（1）：19-38.

晰、明确、整体、连续，能够具有凝聚共识和引领作用的课程目标和儿童图像，才能真正引领教师们在不同的学科和部门内有效协作，提升教育的行为的有效性。

二、整体变革学校课程结构

学校课程建设的重点不是盲目地增加课程门类，而是整体变革学校的课程结构。当前学校课程结构最主要的问题在于：第一，缺乏整合，各部门之间各行其是，各门学科之间缺乏交流、相互配合，导致很多课程交叉重复；第二，课程的丰富性、选择性不够，过于单一；第三，综合性、开放性不够，基本以分科学习为主，与生活贴近的综合型课程相对较少，实施起来也困难重重；第四，探究性和活动性课程不够，更多的是学科课程，以被动接受为主；第五，课程的"留白"不够，学生缺乏参与课程规划设计开发的权利和自主发展的空间。

有些学校的课程开发和建设往往是一种"碎片化叠加"，想到一门课程就开一门课程，看到其他学校搞什么课程就搞什么课程，课程结构门类与课程目标缺乏内在的一致性，各种课程之间也是关系混乱。学校的课程结构对应的是学生的素质发展的结构，只有整体变革和优化学校课程结构，使学校课程既有分科课程也有综合课程，既有学术课程也有活动课程，既有教师主导也有学生参与，学生的全面发展、个性发展才能得以实现。

三、创生利于学生社会统整、知识统整、经验统整的课程内容

当前学校课程内容的开发面临两大主要任务：一是通过开发丰富的生活化的课程内容，实现学生学习与社会生活的统整；二是通过主题探究类课程内容的开发，让学生在探究性学习和深度学习中实现学科知识间的统整和经验的统整。与其他国家相比，我们在课程内容上的差距主要就体现在以上两个方面。

比如澳大利亚中小学的课程完全向生活开放。举办奥运会时，各学科的教师会围绕奥运开发"奥运研究"主题课程，正值国际稻米年，教师们就会

把"稻米"专题研究引入到各个年级学生的课程中来，学校还有烹饪课、缝纫、木工等课程，充满时代气息和生活趣味。生活课程是澳洲中小学重要的内容，他们用生活课程指导学生学会学习、学会生活、掌握基本的生活技能，形成正确的生活方式。澳大利亚的课程具有开阔的国际视野，非常注重主题式的研究。中国文化、希腊文化、中世纪文化、日本文化、印度文化研究等都是中小学生研究的主题，围绕这些主题，学生将展开一个学期或更长周期的研究，在这样的主题研究中，学生会自觉运用各个学科学到的知识。这些深刻的学习促进了学生所学到的学科知识之间的统整。

因此，我们的课程内容开发要着重于打开学校原有的封闭的内容体系，使学生学习与社会生活紧密联系。比如常州春江中心小学开发的主题统整课程，教师以本学科知识为主，尽可能整合其他学科的相关知识或学习资源，引导学生探究学习。一年级的主题是"蓝天白云我的家"，二年级是"我和动物交朋友"，三年级是"奔跑吧恐龙"，四年级是"一起去远方"，五年级组是"寻秦记"，六年级组是"明天，我们毕业"。其中六年级组的"毕业主题课程"既与学生生活密切相关，又有效整合了语文、思品、数学、英语、体育、音乐、美术等学科，在活动中通过小组合作、实践探究、设计毕业典礼方案等，培养学生的策划和组织能力。还有学校开发学科内的统整课程群，围绕语文学科开发了"秋天课程""神话课程""名人课程""动物课程""历史课程""民间艺术课程"。通过学科统整课程群的开发，拓展了学生对学科的认识，并在学科与学生生活、社会生活之间建立起广泛的联系。

四、构建"学习型社群"是课程统整的必要条件

比恩认为要让学生参与到课程的统整与设计中来。课程统整，无论是课程主题的选择，还是与主题相关的活动的确定，都需要学生之间、师生之间的交流、协商和价值共享。构建"学习型社群"是课程统整运作的必要条件。为了使社群能有效运作并发挥作用，比恩指出学生需要认真作出一些努力，如共同制定班规或班级公约，利用问卷调查个人的兴趣、态度及爱好并做成统计图表。比恩还强调教师的协同合作，只有不同专业背景的教师齐心合力，步调一致地规划统整课程的组织架构，才能实现课程统整的核心

价值。[①]

　　由此可见，课程统整不仅仅是设计课程内容，还要改变整个课程开发和教学的过程。在课程开发和实施中，学生不再是被动接受、安静听讲，教师也不再是权威，学生要和教师一起参与到课程的规划、设计、实施、评价之中，师生、生生之间要真正形成民主、平等、相互尊重的关系，并真正形成"学习型社群"。

① 赵士果，崔允漷．比恩课程统整的理念及模式建构［J］．全球教育展望，2011（7）：32-36.

主题统整课程的实施经验

一、比恩的课程统整设计模式

比恩在其课程统整理念的基础上形成了简练的课程统整设计模式。以"未来的生活"这个主题为例，比恩认为统整课程的设计应该是这样的流程[①]：

1. 选择主题（学生选题）

一种是教师通过对学生意见的调查，确定他们在自我和社会方面共同关注的焦点问题，进而提出课程的主题；另一种方式是让学生自己选择课程的主题。学生选择主题的步骤是他们先思考教师提出的两个问题："对你自己而言，你关注什么问题或事情？""就世界而言，你关注什么问题或事情？"然后，他们尽可能多地写下自己关注的自我问题和世界问题。接着，全班同学组成小组，通过小组讨论，确定能同时涵盖自我问题与世界问题的主题。

例如，在关于个人自我问题方面，学生提出"我将来能活多久？我将来会变成什么长相？我将来会从事什么职业？我年纪更大时，会住在哪里？我将来会上大学吗？我将来会结婚生小孩吗？"等一系列问题；在世界问题方面，学生提出"我们未来会生活在外太空吗？未来的地球会发生什么事？为什么人们会彼此怨恨对方？我未来会改变我的坏习惯吗？未来会有新的发明吗？"等问题。通过小组讨论，学生将"未来的生活"作为涵盖这些问题的

---

① 赵士果，崔允漷.比恩课程统整的理念及模式建构［J］.全球教育展望，2011（7）：32-36.

主题。

2. 形成概念网（学生投票）

在一个主题下，找出能发展该主题的大概念，并把这些大概念划分成更具体的子概念，形成一个概念网。当整组同学对概念网达成共识之后，全体同学进行投票表决，决定主题下大概念实施的先后顺序。

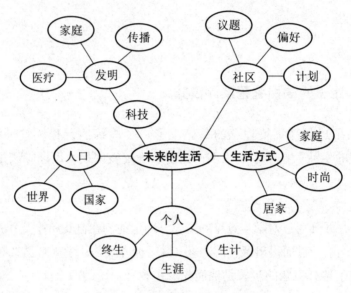

图 5-1 "未来的生活"概念网

3. 确定活动（活动化设计）

当主题下的一个大概念被确定实施后，从小组所列出的问题清单中挑选大概念的相关问题，然后小组以脑筋激荡的方式，进行可能的活动，寻求问题的答案。如在"未来的生活"主题单元"个人"这个大概念下，学生的活动有：设计一种"时间之囊"以预测自己；调查与个人目标有关的工作和教育要求；利用化妆或电脑绘图，以看出我们未来年老时的可能长相；研究防止或延迟老化的各种不同的方法，诸如运动、美容、整形外科手术与医药科技等。

4. 呈现结果（学生呈现）

学生进行了一个主题单元的活动后，通常以统计图表、调查报告、建议书等形式呈现活动的结果。如在"未来的生活"主题单元，学生要把他们调查同伴对未来憧憬的结果制成表格，然后把它们与其他的预言进行比较，并准备好报告；学生要写出公元 2020 年其居住城市发展的建议书，特别是有关土地利用、交通运输、教育、资源保护、政府与健康医疗等方面的建议。

5. 评价（师生共同评价）

师生一起制定评价的规则和方法。评价的主要目的是发展学生民主社会所需要的能力，形成民主的生活方式。评价主要内容是学生参与的态度、提出问题、分析问题、解决问题的能力及合作精神等，强调的是学生在学习过程中真实性的表现，而不是其在标准化测验中所得的成绩。评价者包括教师、学生、家长及社区人士，其中特别强调学生自评与互评。评价的方式主要有观察、描述、分析、解释、单元问题的测验、作业、档案袋等。

二、奥运主题统整课程的开发 ①

围绕奥运这一主题，澳洲某学校的各学科老师一起合作开发了奥运主题的系列综合课程：

1. 奥运主题综合课程

详情见下页表格。

2. 奥运主题研究性学习

主要从八个方面展开研究：

（1）研究奥运会的历史，它是从哪里开始的？

（2）描述一个古奥运会事件，研究它的运动规则，谁被允许参加？

（3）寻找古希腊的地图，在哪里举行了第一场比赛？

（4）做四幅古希腊奥运会比赛运动项目的海报。

（5）研究古希腊神、神话和传说。

（6）设计一张古希腊奥运会体育项目或运动员的商业卡。

（7）研究古希腊女子的角色。

（8）给运动员设计奖牌。

---

① 许新海. 澳洲学校对奥运主题课程的开发［J］. 教学与管理（中学版），2008（12）：33-35.

表 5-1 奥运主题综合课程

分类	英语	数学	美术	身体	音乐	人物	自我	自然
知识： 展示你已经学习和记得的内容。	列出 30 个奥林匹克项目。从 A 到 Z 编写参赛国家的目录。	列出两个奥运比赛项目的成绩单。测量投掷、跳高的距离。	画一张展示 10 个参赛国家的图表。在世界地图上标记。	与一个同伴一体表演一个体育项目，像竞争者或主持者那样。	使用微软电子百科全书，找到一些国家的国歌。	在教室里展示图片或谈论你最喜欢参加或观看的体育项目。	你一直想知道奥运会什么？写出你的五个问题。	写一首关于奥林匹克的诗歌。
理解： 能够理解并解释地解释你已经学过的一些事情。	列出已经办过夏季奥运会的国家与城市。	教师和学生在教室里作测量准备。	设计一个新的体育标识。展示运动一套运动制服。	从跳高和跳远的分数记录上比较你最喜欢的项目。	选择一首给体育比赛的运会歌曲，小组活动完成。	在教室里示范一种体育技能，展示不同运动的不同要求。	研究自己的提出来的问题。	找出两个奇祥物的名字，画下来，说说为什么它们被选中。
应用： 在实践中运用知识。	在计算机上用关键词搜索奥运信息和做一个纵横字谜。	在土豆上设计制作一个奥运会的运项目或运动员。	用一个土豆做成与奥运会相关的东西，装饰一个吉祥物。	在电脑中完成与奥运项目搜索和参与网络方面的评价。	选择一首歌在教室里播放，并提供这个表演者的信息。	访问一个成人，了解早期的奥运会比赛。准备你的问题。	写奥运会的座右铭，誓言和象征。写你自己的座右铭，誓言。	把假想自己在雅典的历险典写下来。

分　类	英　语	数　学	美　术	身　体	音　乐	人　物	自　我	自　然
分析：比较和对比信息。	比较古代奥运会和现代奥运会有什么不同。	用图片或表格来表示你最喜欢的运动项目和运动员，并解释原因。	设计一个奥运会运动项目的奖牌。	教你朋友一个新技能，评价他们的方法，注意安全意识。	当你的小组赢的时候，从CD中选择一首歌曲来播放。	调查一个关于澳大利亚奥林匹克人物的传记。	比较你的体育技能和你爸妈的技能，解释你像谁。	列出4个能在奥运会上使用的你在环境方面的观点。
综合：发展创造力等方面的新能力。	给奥运会写一首诗歌。写一个体育传奇故事。	做10道至少两步的与奥运会有关的智力题。	使用你已经研究到的信息，制作一个关于奥运会的棋盘。	由四个朋友举行一个微型奥运会。	和你的小组成员创作一首打击乐或一首流行歌曲。	给一个奥运英雄写一段话，用邮箱发送给他。	选择一个你认为你最喜欢的项目，说说为什么。	选择一个特殊的地方，比如花园里，训练自己的运动技能。
评估：深入思考，并真实地评论。	辩论：运动员应该被允许服用固醇类固醇的5个赞同观点和5个反对观点。	统计澳大利亚的奖牌总数，并与澳大利亚的人口进行比较。	创作一个奥运会抽象拼贴画。	为什么要提高奥运会日时，表演动的表演性？调查和讨论你发现的原因。	在班级体育日时，表演5个舞蹈。	以一个运动员刻苦训练为例子，说为什么能成为冠军。	为自己确定一个在体育上发展得更好的目标。	找一个特殊的地方坐下来思考你的生活目标。

3.奥运主题学校运动会

在雅典奥运会开幕的日子，澳洲的中小学围绕奥运会有着丰富多彩的活动。（略）

三、北京亦庄实验小学的"全课程"

所谓"全课程"教育实验，就是以培养全人为目标，以国家课标为引领，以项目学习为抓手，以跨学科整合为基本策略，覆盖学校全面生活的综合性课程改革。通俗地说，就是让学生学得更加饱满，学得更加开放，学得更加情趣，学得更接地气。

亦庄小学把小学六年的学习，划分为三大学段，一年级刚入学的半年为始业学段，六年级的最后半年为毕业学段，中间为常规学段。

在始业学段，他们开设了始业课程。传统学校，小学生一入学，立刻就进入拼音的学习，拼音枯燥抽象，对于以形象思维见长的六岁儿童而言，是一个巨大挑战。结果，这样的拼音学习持续数月后，就导致儿童普遍的恐惧、紧张和对学习的厌倦。所以他们把第一个学期作为始业学段，开发了让幼儿柔性"软着陆"的始业课。

在始业课上，拼音的学习被后推两个月，学科的概念被淡化了——因为对于刚入学的孩子而言，语文、数学、英语、美术等这些学科概念是无法理解的，也是没有意义的。始业课程的学习内容变了，学习方式变了，不再是枯燥的拼音学习、机械的生字抄写，不再是被动地听老师讲解，被动地接受各种训练。每月一个大主题，每周一个小主题，围绕主题孩子们唱儿歌、读绘本、玩游戏、演戏剧、学舞蹈、学唱歌……孩子们每天都非常快乐。老师们不再是单纯地教学科知识，而是陪着孩子们度过一天又一天愉快的生活。在师生共度的生活中，知识的学习潜移默化，浸润其中。

这样一种主题化的、活动化的学习方式，从内涵到外延都极大地拓展了孩子的学习视野。半年时间，孩子阅读绘本，诵读儿歌，学唱歌曲，排练绘本剧，每个孩子都完成了30篇左右的写绘故事。另外，孩子每天都参与学科游戏。如此丰富的学习内容，远远超出了现行教材的知识容量，给孩子提供了一个比较广阔的视野。

在常规学段，他们增加了新的课程元素。比如，每周开设了两节戏剧课程和电影课程，戏剧课程不是我们通常理解的单纯的学习戏剧表演，而是让孩子通过戏剧游戏、儿童剧表演，实现三个目标：

一是让孩子学会通过自己的身体感受这个世界，通过身体表达自我，让偏于内向和拘谨的孩子，通过戏剧，能够打开自己，展示自己，培养自信和落落大方的气质。这一点，对于以农民家庭和打工子弟为主体生源的学生来说，尤为重要。因为这些家庭的孩子通常更不自信。

二是让孩子在戏剧游戏和表演过程中，学会合作，学会理解，学会专注，学会调控自我。

三是戏剧关联到音乐、舞蹈、美术等学科，这是非常典型的综合性课程，借此提升学生的综合艺术素养，给学生以全面的艺术熏陶。

每两周播放一部适合孩子观看的经典大片，争取在六年的时间里让孩子能够欣赏120部经典影片。还开发了一系列特色鲜明的"微课程"。这些"微课程"，由教师根据自己的专长和兴趣，立足于课堂，立足于实际问题的解决，独立开发，重在培养学生的综合素质。

毕业学段，学校正在开发系列毕业课程，这些课程的目标是：对即将或者已经进入青春期的六年级小学生，进行心理健康辅导；对小学阶段的知识进行系统梳理；对接初中，让孩子为升入高一年级作好心理、知识、习惯、方法等各方面的准备。

为什么人类要有春节，有周末，有各种各样的节日？就是让生活富有节奏，有一点盼头。校园生活同样也要给孩子一点期待和向往，让孩子有一点"盼头"，怎么做呢？

亦小每周有一节"长时段课"。学生用长达半天的时间只做一件事情，这样时间就不会被一节节课切碎。孩子们可以深入地学习和体验一件事情。

每月一个"非传统课程日"。这一天不能教语文、数学等传统课程，也不能让孩子写作业，而是要让孩子"玩"的非传统课程。至于具体内容，牛奶日、沙子日、科学实验都有，学校放权给各个级部，由老师们自己创造。

每学期有一个"主题周"。在这一周里，上午上课，下午围绕主题展开活动。比如"帽子周"，语文课收集帽子成语，科学课制作帽子，数学课计算帽子面积，美术课画帽子，音乐课教唱《帽子歌》、跳《帽子舞》……最后，全校师生在体育馆开了一个帽子派对！活动结束后还形成了一面帽子墙。

所以,"全课程"的"全"也包含这样的理解:让寻常的校园生活充满惊喜和期盼。总之,全课程不是单纯的课程加减,不是单一的教育教学方式的改变,而是课程的整体性建构。

台湾课程统整的实践走向

　　课程统整的理念和实践，对于我国大陆的中小学来说，还处于刚刚起步阶段，了解其他地区的改革经验，能够避免我们走更多的弯路，台湾的课程改革实践对我们具有一定的启发意义。我国台湾地区早在 1998 年颁布《九年一贯课程总纲纲要》，1999 年 9 月又正式颁布各科领域的课程教材纲要，从 2001 年 9 月新学年起台湾地区实施九年一贯课程，并明确倡导课程统整的理念。

　　台湾提出课程统整的理念，是基于当时台湾初中与小学课程衔接不良、课程内容偏向学科本位与学术导向，偏离学生的生活经验与学习兴趣，分科太细，缺乏整体性与统整性，学生缺乏自由发展的时间空间等问题。台湾把所有的学科整合成语文、健康与体育、社会、艺术与人文、数学、自然与科技、综合活动七个学习领域，突出十项基本能力的培养：了解自我与潜能发展；欣赏、表现和创新；生涯规划和终身学习；表达、沟通和分享；尊重、关怀与团队合作；文化学习与国际了解；规划、组织和实践；运用科技与信息；主动探索与研究；独立思考与解决问题。总的来说，课程统整在台湾的发展呈现这样几个发展走向[①]：

一、课程理念得到教师们的普遍认同，学生学习兴趣提升明显

　　课程统整的理念得到大多数老师的认同，因为大家认为："以前教得太死了，每年都一样，几年就有职业倦怠了。""课程统整是很大的挑战，不过工作也变得有意思了。并且课程统整提倡团队协同合作，协同教学的新工作

[①] 吴志敏. 课程统整在台湾——从理论、政策到执行 ［D］. 北京师范大学，2005.

方式给老师带来了意外的成长和喜悦。"老师打破了互不往来的工作方式，开始一起讨论课程设计和教学法，体会了合作和交流带来的快乐，形成了亲密的同事关系。对于学生来说，课程统整避免了学生去记忆很多零散的知识，学生的学习动机及兴趣较以往高出许多，也学得很快乐。因此课程统整对提高学生学习兴趣的正面作用是大多数老师认同的。通过课程统整，老师还发现了一些以前没有关注到的学生的潜能和创造性。

二、专业能力不足、知识浅化危机是最突出的问题

课程统整遇到最普遍的问题，就是老师在课程统整设计上的专业能力与自信心了，大部分老师都不认为自己设计的课程比原来课本上呈现的要好。其次，课程统整的学习可能会导致学生基本能力降低。虽然学生能学习到丰富多元的知识，但学习者可能因为信息来源种类过于庞杂，反而在内部的统整上遇到困难，使基本能力降低。

统整课程的实施有知识浅化的危机，课程统整的组织中心，偏重事实，很少使用概念、原理、原则、能力、争议问题或价值。主题式的统整是最为普遍的统整方式，也是热闹有趣，看起来最像课程统整的方式。尤其是在小学低年级，利用节庆等作为主题进行大型的统整课程设计，可以很好地将生活融入教学中，设计出让小学生印象深刻的轻松课程。设计比较容易，而且与原来的教学方式相比好像有很大的改变。

三、主题式统整逐渐退热，学科内统整更加常态

课程统整实施以来，在台湾的小学遍地开花，取得了丰硕的成果。因为小学的知识结构处于底层，具备共通性。而且小学课业负担还不太繁重，老师有较多自由支配的时间。小学老师比较注重课程统整的外显模式，初中老师普遍将课程统整作为一种教育理念，渗透在平时的学科教学中。

随着时间的流逝，典型的主题式统整课程逐渐退出学校行事历，宣告着大型的、激进的课程改革活动在校园中逐渐退烧，课程改革主要以较为小型、缓和的方式进行。课程统整作为课程改革的重要内容，仍然在持续推行，主要的表现形式为在原有班级单位中，以课程统整观念而重新设计的单

科内的统整教学或融入了其他一门学科知识的复科式统整教学。

从台湾的实践我们可以看到，课程统整既是一种课程理念，也是一种理想与过程，在实践中面临很多"既有利益集团"的挑战和教师专业水平限制的压力。课程统整对提升学生学习兴趣，促进各学科教师的合作交流还是有益的，但是当前有部分学校甚至提出要完全取消分科教学，将所有的学科打通，实行统整课程，这既不符合当前国家课程政策的要求，也走向了思维和认识上的另一个极端。

课程统整的未来发展

学科教学一直以来在学校教育里面占据着主导地位，但随着社会的发展，知识增长速度的加快，以及互联网的普及，普适性知识的获得越来越容易，个人化的知识变得越来越重要。分割学科的方法对年轻人生活的阻隔性影响越来越引起大家的重视。课程的分科受到各方的强有力保护，我们不敢预言学科课程的消失，但可以预测的是，学科之间是相互联系的，突破学科的统整课程、综合课程会在学校教育中占据越来越多的比重。

2016 年秋，芬兰启动新一轮的教育改革，在保留传统学科课程的基础上，向主题教学转换；在对学生所学内容进行评估时学生有发言权等重要变化都引起了全球关注。

芬兰国家教育局官网表示：2016 年学校学科教学没有被取消，在此基础上，更加强调学科合作、学科交叉等领域的学习与训练。到那时，不同学科的老师互相合作，同时开讲的场景将变得司空见惯。根据新的《国家核心课程大纲》规定，1—9 年级学生最低课时数为 222 课时，更多课时将给予社会学习（增加 2 课时）、体育（增加 2 课时）、音乐和视觉艺术（各增加 1 课时）；1—6 年级的综合环境学习，包括生物、地理、物理、化学和健康研究；更多样化的语言课程，国家从财政上支持各市提供额外的语言学习。

根据新课程大纲规定，2016 年，面向 7—16 岁学生的所有学校必须在课程大纲中留出一段时间用于跨学科、基于现象的教学。具体的课时长短、研究主题，由地方和学校层面自行决定。同时教学方式也不再仅仅是传统的学生被动坐在教室里听课或者等待被提问。而是有更多合作教学，学生分成更小的组，一起解决问题，同时提高他们的沟通技能。

目前在赫尔辛基——芬兰首都和最大的地方学校系统正在快速推进此项

改革，已经决定要求所有学校、所有学生每年要留出两个专门的时间段进行跨学科教学。跨学科学习项目可能持续几周。

2016年《国家核心课程大纲》还规定，学生必须参与基于现象的学习时段的规划，必须在评估他们所学的内容中拥有发言权。评估的任务是鼓励学生，推动学习，帮助学生逐渐学会理解和分析他们自身学习状况的能力，更多对自己的学习负责。在对学生所学内容进行评估时，学生有发言权。

在哈佛大学做访问学者的芬兰教育学家帕思·萨尔博格也撰文称，未来芬兰的学校依旧会教授数学、历史、艺术、音乐等科目，而根据新政策，所有的孩子也将通过例如欧盟、气候变化、芬兰百年独立史等主题，以跨学科的方式学习语言、地理、自然科学和经济。

"主题教学"在芬兰一直存在，只不过没有一个官方名称，罗苏综合学校校长蕾娜·柳斯瓦拉表示，不管怎样罗苏综合学校也不会"抛弃"传统科目教学，"我们仍然会教授阅读、写字、计算等基础课程。这些是孩子们必须掌握的基本技能。在此基础上，他们才有能力去学习更有挑战性的知识"。①

从芬兰的课程改革，我们可以看到，课程统整、课程综合化、主题教学可能是未来教育发展的重要趋势之一。新媒体联盟（NMC）与美国高校教育信息化协会（ELI）发布了《2015年地平线报告：K12版》。报告围绕趋势、挑战和进展三个关键词，从全球视角解读K12领域教育科技如何驱动教育变革。在未来的3～5年，教育的六大趋势如下：第一是重新思考传统学校，近五年时间内，人们会从学科划分、时间安排、评价规则三个方面重新反思传统学校教育。固定学科将逐步走向学科融合，固定的课堂时间将变成项目自由时间，考试评价将变成成果展示。第二个趋势是向深度学习方式转变。以项目、问题为基础的学习方式将更为普遍。第三个趋势是强调合作学习。第四个趋势是学习者将从教育的消费者变成创造者。第五个趋势是使用混合式学习方式。第六个趋势是STEAM学习的崛起。所有的学科都可以相互连接，学生需要了解各种知识和技能是如何在解决真实的世界问题中相互连接和交叉的。总的来说，学科之间的融合、交叉、连接将是未来学校教育

---

① 佚名. 芬兰教改："主题教学"引关注［N］. 新民晚报，2015-04-23.

发展的共同走向。

比恩在《课程整合与知识的学科》一文中写道：

课程统整不仅仅是一种组织工具与技术，它不只需要美丽的变革以及在课程计划中做跨越不同学科领域的重组，课程统整更重要的是一种思维方式，它让人思考在课程的来源以及知识的使用上，学校的目标究竟何在？

如果深思熟虑地追求一种真正的课程整合，那么知识的学科就不是天敌。相反地，它们是有用的和必要的同盟军。

课程整合的核心关注点是对自我意义和社会意义的探寻。

分割的学科方法作为一种学科知识的选择性表征，错误地将后者描绘为目的，而非教育的手段。年轻人和成人被引导着去相信，教育的目的是去掌握或搜集那些被选择地包含在一门或其他门学科领域中的事实、程序和技能，而不是去学习这些孤立的成分如何用于在内部形成更大的、真实生活的目的。

分割的科目和它们想要表征的知识学科都是学者出于他们自己的旨趣和目的划分出的领地。学科的方法被强加给学校。

在课程整合中，来源于学科的知识被重新配置在目前的主题、问题和活动等情境之中。在这里，知识走向生活，具有着意义，并且更有可能被"习得"。

课程整合的批评者们喜欢表达如下的关注点，即课程整合将破坏知识的学科的完整性。对此我表示怀疑。任何形式的知识脱离了与其他形式的知识之间的联系性，这种知识又能有什么样的完整性呢？

相比较掌握学科领域界限之内的片段化信息，课程整合把课程更加置于生命本身之中。①

比恩对课程整合的优势进行了很好的阐述，也对课程整合经常会遭受到的质疑进行了辩解，他认为，课程整合不是学科知识的天敌，而应该是学科知识的同盟军。作为一种联系的整体的思维方式，课程整合更强调知识与

---

① ［美］弗雷斯特·W·帕克. 课程规划——当代之取向［M］. 谢登斌，等译，杭州：浙江教育出版社，2004：294-304.

现实生活的联系，知识与人的生命之间的联系。在推进课程整合的过程中，越来越多的老师感觉到：学校教育研究的是儿童，而不是学科。好的老师是儿童专家，而不仅仅是学科专家。在观察儿童、研究儿童的过程中，慢慢地，这些老师们越来越像个长大的儿童。从这一点变化来看，课程统整不仅仅是一时的潮流或一阵风，而是我们教育在任何时候都应该秉持的一种思维方式。

第六章

教师的课程意识与能力

教师的眼界决定课程的边界，创生课程从更新自己开始。

从"局外人"到"创生者"

20 世纪初，杜威在《儿童与课程》中指出："作为教师，他考虑的是怎样使教材变成经验的一部分，他自己的教材知识怎样可以帮助解释儿童的需要和行动，并确定儿童应处的环境，以便使他的成长获得适当的指导。"[①] 可见，杜威认为教师不能是教材的附庸，强调了教师的课程主体意识。到 20 世纪七八十年代，教师的课程意识开始受到了专家学者的重视。

20 世纪 50 年代末到 60 年代初，美国的结构主义课程运动风起云涌，但这场变革没有取得预期的效果。施瓦布作为这场运动的二号旗手，陷入了深深的反思，他提出了"实践的课程观"。实践模式强调教师即课程，强调教师知识对于课程的意义以及教师作为课程主体的重要性，实际上是肯定了教师"课程意识"对于课程意义生成以及教师主体性发挥的重要性。

同一时期，英国著名课程论专家斯坦豪斯发起了"教师即研究者"运动，赋予教师以教授者和研究者的双重身份。斯坦豪斯认为教师作为教学实践的主体必然也要参与课程的研究，他提出了"没有教师的发展就没有课程的发展"的著名论断。

美国著名课程论专家古德莱德的五级课程对研究教师的课程意识也有重要启示。古德莱德把课程分为五个层次：其一，理想的课程，即是由一些研究机构、学术团体所提倡的应该开设的课程，但其实施取决于是否被采纳或接受；其二，正式的课程，即由教育行政部门规定的课程大纲、课程政策和教材等；其三，领悟的课程，即指任课教师所领悟的课程；其四，操作的课程，即指在课堂中实际实施的课程；其五，经验的课程，即学生实际体验到

---

①［美］杜威. 杜威教育论著选［M］. 赵祥麟，等译. 上海：华东师范大学出版社，1981：57.

的课程。[①]

古德莱德提出了教师运作的课程，他认为教师领悟的课程与正式的课程之间存在一定的差异，因为在课程实施过程中，存在着教师对课程的选择、内化以及解释等，而教师具有鲜明的课程意识是缩小这种差异的重要条件。这一观点为我们肯定教师课程意识的存在提供了一定的理论基础。

吴刚平教授在总结历次教学改革的经验教训时，认为"历次教学改革仅仅站在教学的立场谋划教学改革，往往看不出问题的本质，难以找到有意义的突破口和生长点，教学改革迫切需要强化课程意识"。[②]长期以来，我国受苏联凯洛夫教育学的影响较大，"重教学，轻课程"的教育观念长期在我国教育中占据主导地位。在20世纪90年代以前，我们的教育学，大体上可以说是一种"没有课程的教育学"，这种教育学只告诉我们有关"教学内容"部分的三个概念：教学计划、教学大纲与教科书。在这样的背景下，广大的教师其实在潜意识里都有着这样的假设：（1）课程的编制是课程专家们的事，教师仅仅是课程的执行者，专家对于课程的理解理所当然地能与教师对课程的理解相一致；（2）课程即是一种固定的静态的文本，是由课程专家们编制的，课程的实施仅仅是一个文本复现的过程；（3）教师的教学过程是一种类似于工厂技术人员的操作过程；（4）学生的学习只是接受专家编排的、由教师复现的固定的知识，学生只是课程的接受者，而不是课程的编制者或者参与者。

我国的第八次新课程改革，对教师的课程意识和能力都提出了很高的要求。但在实践中，教师的课程意识和能力都令人担忧。有一项针对小学教师的调查研究表明，28.7%的小学教师把课程理解为教材，31.7%理解为教学科目，32.9%理解为学生的学习经验，可见，把课程理解为学生的学习经验的教师比例稍高于其他的，但是，仍然有60.4%的小学教师对课程内涵的理解趋向于教材和教学科目。"在日常教学设计中，您主要依据什么来确定教学目标？（多项选择）"调查结果显示：有40.4%的小学教师看课程标准，有83.3%的教师看教学参考书，有61.8%的教师看有关学科的教育理论，

①［德］诺尔特·M·西尔，［荷］山尼·戴克斯特拉. 教学设计中课程、规划和进程的国际观［M］. 任友群，等译. 北京：教育科学出版社，2009：168.
②赵炳辉，熊梅. 教师课程意识与专业成长［J］. 教师教育研究，2008（1）：3-7.

有 29.1% 的教师看一般的教育理论。由此可以看出，小学教师确定教学目标的直接来源是教学参考书，不到一半的小学教师看课程标准，看一般的教育理论的小学教师就更少了。[①] 由此可见，教师要成为课程的创生者，还有很长的路要走。

[①] 马桂霞. 小学教师的课程意识研究 ——以山东省济南市为例［D］. 山东师范大学，2009：14.

教师的眼界决定课程的边界

20 世纪 80 年代中期，斯坦福大学的舒尔曼指出，对教师及其教学的研究长期都忽视了某些问题，例如：教师知识的来源是什么？教师的学科知识如何发展变化？在课堂上，教师的学科知识是如何被应用的？出于对这些问题的思考，舒尔曼认为，教师在具体的教学过程中，仅有学科知识（content knowledge）或教学知识（pedagogical knowledge）都是不够的。教师除了具备这两者外，还必须在教学过程中发展另一种新的知识即学科教学知识：PCK（pedagogical content knowledge）。1986 年舒尔曼首次提出 PCK 的概念（如图 6-1 所示），并将其定义为"教师个人教学经验、教师学科内容知识和教育学的特殊整合"。

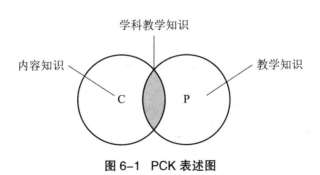

图 6-1 PCK 表述图

具体来说，PCK 是指教师对所教的学科内容和教育学原理有机融合而成的对具体主题、问题或论点如何组织、表达和调整以适应学生的不同兴趣和能力以及进行教学的理解。换言之，它是教师在面对特定的学科问题时，能够针对不同学生的兴趣和能力，灵活组织、调整和呈现学科知识以进行有效教学的知识。可以说，是否拥有 PCK 是学科教师与专家学者、优秀教师与低效教师之间最大的差别。

自舒尔曼提出 PCK 后，学者们陆陆续续地加入到批判、修正这一概念的行列中。科克伦等学者对 PCK 进行了修正，提出了一个更为综合的概念：学科教学认知（pedagogical content knowing，简称 PCKg ）。具体来说，PCKg 包含四方面的内容：（1）学科知识；（2）教学知识；（3）学生知识；（4）学习情境知识。（如图 6-2 所示）

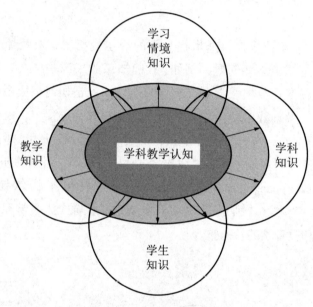

图 6-2　PCKg 表述图

PCK 不仅打破了学科知识与教学知识长期处于相互割裂的状态，缓解了学术性与师范性之争，更为重要的是，它对教师教育课程也产生了一定的影响。无论在教师教育课程学习还是在对课程学习的检验，即教师资格考试中，PCK 都扮演了重要的角色，其地位和作用不容忽视或替代。舒尔曼提出的 PCK 跟教师的课程意识与课程能力有着非常紧密的联系，PCKg 的描述跟教师的课程意识有着很多的相似性。

我国中小学教师在师范教育中普遍缺乏专业的课程理论学习经历，在平时的教师职后培训中，教师更多接触的也是关于学科教学的培训，因此，课程知识几乎是大多数中小学教师知识结构中的共同盲点。其次，教师们在多年中央集权的课程管理机制和分科教学的体制中，习惯于被动接受和在既定教学内容的框架内展开教学，课程开发与创生的意识普遍缺乏。新课程改革以来，特别强调教师的课程意识和课程能力。那么到底什么是课程意识？教师作为课程的创生者，需要从哪些方面去考虑呢？其实，除了对教材的改编与创新之外，教师的课程意识还包括很多方面的内容，具体如下图：

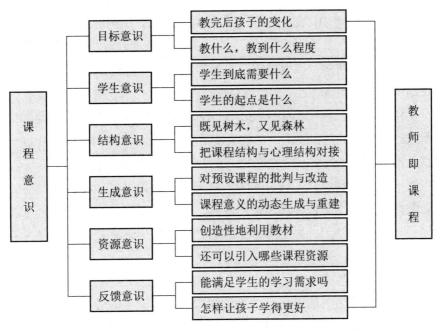

图6-3 教师课程意识的内容

教师的课程意识至少包括以下几个方面：

第一，有明确的目标意识。教师必须有清晰的认识：通过我的教学，到底想达到什么样的目标？我期待学生在教学中发生什么样的变化？为了达到这样的目标，我要教什么？教到什么程度？教师有无目标意识的标志在于其是否重视课堂教学目标，并是否对此加以审视与反思。

第二，一切回归学生发展的意识。江苏省教育科学研究院杨九俊先生曾经提出过"洗课"的观点：洗去过高的目标，基于标准；洗去过杂的内容，关注学生核心素养的培育；洗去过偏的走向，凸显教学主脉；洗去过花的形式，寻求匹配的教学策略；洗去过虚的议论，回归指向发展的评价。"洗课"

的旨归就是删繁就简，去掉教学中一切形式化的东西，真正回归学生的发展，了解学生的需求和起点，进行针对性的教学。

第三，整体把握结构的意识。具有课程意识的老师必须能够整体把握学科教学内容的结构，在教学中既能让学生接触片段的知识，又能让学生了解这些片段知识与学科整体知识结构之间的关系。从名师成长的经历来看，卓越型教师一般都能跳出教材，站在课程整体结构的高度反观教学。比如说魏书生在自己的教学中注重引导学生自己画语文知识结构图，学生通读初中六册语文教材，画出了"语文知识树"。"知识树"可以帮助学生从"井底之蛙"式的学习，转向"高屋建瓴"式的学习，魏书生经常把"语文知识树"比作地图，有了地图就有了明确的目标，选择最佳路线，可以少走弯路。

第四，生成意识。老师不是拘泥于教材，而是能够站到一定的高度，对教材进行一定的批判和改造，在教学过程中，根据学生的具体情况和自己的个性化理解，围绕教学目标的落实，进行课程内容的动态生成与重建。

第五，资源意识。教材只是为了达到教学目标可供利用的课程资源之一，教师首先要学会创造性地使用教材，充分发挥教材的作用；另一方面，为了促进学生的学习，要思考除了教材，还可以引入哪些课程资源为学生所用。

第六，反馈意识。在教学过程中，教师必须敏锐洞察学生的学习状态，判断自己的教学是否能够满足学生的学习需求，学生的学习还存在哪些问题，怎样改进自己的教学，怎样引入更多的优质资源，让学生学得更好。反馈意识驱使教师不断地与学生沟通交流、了解学生，不断反思和优化自己的教学。

课程意识在本质上是教师对课程系统的一种整体认识，是教师的"课程哲学"，具有课程意识的教师以自己对课程的独特理解为基础，从目标、课程、教学、评价等维度来整体规划教育活动和行为方式，从而成为课程的动态生成者。

好的教学来自教师的个性和整体性。帕克·帕尔默认为优秀的教师必须认识自我，有自己独立的教学思想和意识，不随波逐流，人云亦云；必须认识学生，倾听甚至尚未发出的声音；必须认识学科，而且是必须在个人意义上出神入化地理解。"当优秀教师把他们和学生与学科结合在一起编织生活时，他们的心灵就是织布机，针线在这里牵引，力在这里绷紧，线梭子在这里转动，从而生活的方方面面被精密地编织伸展。"① 所谓的课程意识与课程能力，就是教师将学生、学科、自身完美编织在一起的本领。好的教学来源于教师的自身认同和自身完整，在这种自身认同和整体性中，教师教到最后，教的其实都是自己。他的知识，他的能力，他对学生的洞察与关注，他的情感态度、喜怒哀乐，都有可能成为课程里重要的元素。

为什么很多教师的教学始终跳不出教材？因为除了教材，这些教师也无法给予学生高于他们的东西。教师想要进行课程的改造与创生，首先要提升自己的整体素养。所以说，教师的眼界决定了课程的边界，创生课程从更新自己开始。

---

① [美] 帕克·帕尔默. 教学勇气——漫步教师心灵 [M]. 上海：华东师范大学出版社，2008：11-12.

解析名师课堂教学中的课程元素

在中小学活跃着很多名师，这些名师的课总让众多中小学教师趋之若鹜。仔细琢磨这些名师的课，似乎也并没有很多一般老师喜欢捣鼓的各种花架子，但他们的课又确实有着独到之处，以下就分别选取一位语文名师和数学名师的课堂教学案例片段，分析名师课堂教学中的课程元素。

《比的认识》教学设计[①]

一、创设情境，引出"比"

师：生活中处处有数学，今天的数学课就从一则生活小故事开始。

（播放连环画，同时配音。）

冬冬到王阿姨家做客，王阿姨用蜂蜜和水泡了一杯蜜茶给他喝，甜味适中，味道很好。几天后，冬冬家来了几位好朋友，他也想泡这样的蜜茶给客人喝。可是怎么泡呢？他打电话给王阿姨，王阿姨说："我是把10毫升蜂蜜加到90毫升水中的。"

思考：如果你是冬冬，听了王阿姨的介绍，会怎样来配制蜜茶呢？

……

二、说理解释，认识"比"

比较"9:1"和"1:9"的意思是否相同，体会比跟除法算式一样是有比较顺序的，因而，在用比来表述时一定要把话说完整。然后顺接"冬冬招待客人"的情境，联系生活来进一步理解倍数之比。

师：冬冬配好了蜜茶，准备洗水果招待朋友，一抬头，看到水池边洗洁

---

① 许卫兵.言近而指远　守约而施博——《比的认识》教学设计［J］.江苏教育，2011（7~8）：59-61.有删节。

精瓶上就有几个比。（放大洗洁精瓶）

（1）从瓶上抽取一个比——1:8，是什么意思？

（2）掌握特殊的比1:1。

（3）根据2:3，画出图例。由洗洁精与水的比是2:3，你还能再想出一个比吗？（洗洁精和总量的比是2:5……）

（4）回头看看刚才研究的几个比，说一说：比是什么？

……

三、类比联想，拓展"比"

师：谈到相除，我们并不陌生。回忆一下，在以前的学习中我们曾经解决过哪些相除的问题？

（依次出示五年级课本中"购物题材"和"行程题材"、四年级课本中的"图形题材"，并分别回顾相除关系：总价÷数量＝单价，路程÷速度＝时间，长方形的面积÷长＝宽，等等。）

比的模样和除法算式挺像的，找一找联系和区别，再介绍比的各部分名称。

……

四、放眼生活，强化"比"

师：知道了两个数的比表示两个数相除，在日常生活中，你还见到过比吗？

（1）辨析比赛中的"比"。

（2）解释广告中的"比"。

（3）了解人体中的"比"。

……

五、总结提升，深挖"比"

回顾全课，说一说收获。

设疑：既然除法和分数都可以表示两个数相除，那人们为什么还要创造出比呢？

……

释疑：除法和分数都不能一下子将四种物品之间的倍数关系表示出来。多个数量之间的关系组成连比（显示：连比），不仅两两之间的倍数关系很明确，几个数量之间的关系都一目了然，威力真大。小小的一个"比"，看来还蕴藏着更丰富的内容。

【案例评析】

许卫兵老师的这节数学课我曾经现场听过，虽然时隔三四年时间，却仍然对这一节课的内容记忆深刻，而当时另一位在许老师之后上课的数学老师所教的内容我已经忘记得一干二净，居然完全没有半点印象。由此可见，首先，许老师的这节数学课，是能够让人记忆深刻的课。分析原因，主要有这样几个方面：

第一，这节课没有什么特别花哨的教学形式，也没有什么故弄玄虚的教学环节，但是，这节课中，我们可以看到，许老师对于"比"的认识，已经远远高于教材，真正从日常生活出发，引导学生认识、发现、思考生活中的"比"。他首先通过一个学生感兴趣的生活情境的创设，引入了"比"的概念，创设这一情境不仅是为了激发学生的学习兴趣，其实也还原了"比"这一概念在生活中的"起源"。任何概念、原理、定律都是在生活中通过提炼形成的。一般的教师教学喜欢用直接告诉的方式，将这些概念、原理和定律告诉学生。当这些既定的知识脱离了当时产生的具体情境时，这些知识就成为了台湾黄武雄教授所说的"套装知识"，割裂了知识和生活之间的联系，学生就很难理解这些知识的来龙去脉，既不知道这些知识从哪里来，也不知道这些知识学完以后可以运用到什么地方去。这样，知识是很脆弱的，很容易遗忘，也很难在真实的情境当中得到运用。

第二，让学生自主建构形成"比"的概念。通过冬冬泡蜂蜜水和洗洁精瓶上的"比"的案例，让学生讨论分析，自主得出"比"的概念，在教学过程中，充分关注到了学生的现有基础和学生的发展。自己发现的数学概念，学生记得牢，理解得深，也更容易在其他情境中迁移运用。

第三，当学生初步认识了"比"的概念后，徐老师又把学生引入到更加广泛的生活情境中，"比赛中的比""广告中的比""人体中的比"，既让学生学得兴趣盎然，又拓展了学生的视野，原来生活中，"比"是无处不在的啊。在感叹之余，我们也发现，许老师对于数学的理解，真的是渗透到了生活中的方方面面，只有对数学知识本身的理解如此透彻和深刻，才能在课堂上引导学生对数学的认识走向透彻和深刻。相比之下，大多数的教师对数学的认识是有着非常明确、狭窄的边界的，抱着书本，照本宣科，从课本到课本，从习题到习题，根本没有帮助学生建立起数学与生活、数学与学生经验之间的联系，无法与学生原有经验结合的知识都是很肤浅，也非常容易遗忘的。

第四，在最后一个环节，许老师又引导学生对"比"和其他表示两个数相除的数学形式，如除法、分数进行了对比，为什么同样表示两个数相除，要引入不同的概念呢？通过这样的引导，使得学生了解了不同概念之间的联系和区别，帮助学生形成完整的知识网络，把一个一个零散的概念连成一个有意义的知识结构。这一部分的教学设计也充分体现了许老师的课程意识和能力，强调学生对知识之间联系的整体把握，强调知识的结构和学生心理结构的对接，使得学生对概念的理解从零散的"点"走向系统的"整体"。

整节数学课，虽然都是在有限的教室空间内，但却让我们感受到，这节课的思路是相当开阔和开放的，数学在生活中是无处不在的。学生的学习都是基于自己的生活经验，当"比"与学生的生活经验建立起紧密的关联的时候，真正有意义的学习就发生了。总体来讲，这节课的成功之处，主要来源于许老师本身对数学概念的认识，远远超出了课本教材，他广阔的学科视野和深厚的学科功底，奠定了这节课的高度、广度和深度。在听许老师的这节课时，许老师的讲课内容同样唤醒了我的日常生活经验，这种扎根于鲜活经验的知识和细节，虽然经过多少年，仍然历历在目。

《哪吒闹海》教学实录 [①]

板块一：练习朗读

师：你最早是怎么知道《哪吒闹海》这个故事的？

生：……

师：看来小朋友对这个故事都很熟悉了。有的是从电视里看到的，有的是从书上读到的，有的是从父母那里听到的。那有没有同学是在梦中梦到的啊？

……

师：这个故事是明朝一个叫许仲琳的想出来的，他写了一本书叫《封神演义》。"哪吒闹海"这个故事出自第十二回《陈塘关哪吒出世》。谁会读课文？

---

① 薛法根.《哪吒闹海》教学实录［J］.江苏教育研究，2011（2）：48-52.有删节。

（生读第一段。）

师：读得真流利！你还可以读得更好些。这段话当中有些词语很重要，要读重音。哪些词语呢？称霸一方、兴风作浪、治一治。

……

板块二：学习概述

师：读完《哪吒闹海》这一个故事，我们可以用几句话把它清清楚楚地说出来，这叫概述。不管多么复杂的一件事，都可以用三句话概述。哪三句话呢？第一句：哪吒为何闹海？第二句：如何闹海？第三句话：闹了又如何？请你根据这三个问题，概述一下这个故事。

……

板块三：学习讲述

师：有些同学说这个故事是爸爸妈妈讲给自己听的，讲故事可不能这样概括地讲。要讲得——

……

师：概述的时候，我们把一个故事变成三句话；现在讲故事的时候，我们要把一句话变成三句话。有了这个本事，你就能把故事讲得栩栩如生了。我们一起来练一练吧！就看这一句："夜叉从水底钻出来，只见一个娃娃在洗澡，举起斧头便砍。"怎么变成三句话呢？

……

板块四：学习转述

师：课文最后有一句话，说："从此，东海龙王再也不敢胡作非为了，人们又过上了太平日子。"如果你是龙王，会善罢甘休吗？

……

师：假如你是龙王，找到了哪吒的父亲李靖，你会怎样？

……

师：如果你是哪吒，会怎样来说这件事？

……

师：今天我们先是朗读了课文；然后是概述课文，一件事说成三句话，原因、经过、结果说得清楚、完整；我们还练习了讲述故事，一句话变成三句；最后我们学习了转述。一个故事有三种说法，目的不同说法不同。那么，《哪吒闹海》这个故事的真相到底是怎样的？还是让我们回去读原著

《封神演义》吧！

【案例评析】

同一篇课文，不同的教师上出来的内容有时截然不同。很多时候，课文写了什么，老师就教什么，所以我们经常看到，语文课一会儿变成了思品课，一会儿变成了科普课，一会儿又不知变成其他的什么课，常常是种了别人的田，却荒了自家的地。也有不少老师喜欢一段一段、一句一句地对课文进行肢解，把课文揉烂了、嚼碎了，教给学生。以至本来蛮好的一篇课文，最后被老师弄得面目全非，食之无味。

语文的教学问题不少。有人说，语文教学最大的问题是老师无法给予学生高于教材的东西。也有人说，语文教学最大的问题不是怎么教的问题，而是到底教什么的问题。王荣生先生认为："在目前的情况下，对语文教学来说，我以为教学内容更为重要，更为关键。"在一定程度上，我们可以认为，当前语文教学中课程的问题是非常突出的。薛法根老师的《哪吒闹海》是一节流传很广、非常经典的语文课例，这节课给我们一种耳目一新的感觉。

首先，就是教学结构的变化。一般来说，语文老师的课堂教学结构基本上是与教材结构对应的，教材是怎么写的，教学就怎么展开。而《哪吒闹海》这节课的主要结构却是学生语文素养发展的结构。全课分为四个板块：练习朗读、学习概述、学习讲述、学习转述。从学生学习语文的角度出发，凸显了"跳出教材，回归学生发展"的课程意识。

其次，是清简的风格。"清简""组块"一直是薛法根老师多年来追求的教学特色与风格。摒弃以往语文教学中的繁杂内容与环节，简单明了的组块教学，将许多零散的内容整合成一个有更大意义的整体的学生学习活动，从而使零散的语文训练项目整合成综合的语文实践板块，使学生在生动活泼的语文实践活动中获得充分和谐的整体发展。组块教学，要求老师抓住语文教学中最基本的知识、方法和能力，凸显教学的主脉、洗去不必要的内容，真正体现学生的发展和语文教学的本质追求。课堂中省去了一切不必要的繁文缛节，就像秋日的天空一样明净透亮。

第三，是对教材的巧妙处理与利用。当前各种版本的语文教材基本都是文选类的，按照不同的题材或内容主题来进行排列，每篇文章有每篇文章的不同特点和价值，关键是考验老师能不能充分挖掘每一篇文章背后所蕴含的发展学生语文素养的独到价值。薛法根老师在教学中，介绍了这个故事的来历：《哪吒闹海》这个故事是明朝一个叫许仲琳的想出来的，他写了一本书叫《封神演义》。《哪吒闹海》这个故事出自第十二回《陈塘关哪吒出世》。这个故事是虚构的，所以说，说故事、改编故事、转述故事就成为了一种现实的可能。在学习讲述环节，薛法根选择了"夜叉从水底钻出来，只见一个娃娃在洗澡，举起斧头便砍"这一句话，看似不经意，却肯定是经过深思熟虑选择的结果，这句话给学生的想象留下了充分的空间，学生在课堂上的动态生成是相当精彩的。薛法根老师充分利用了这篇文章神话的体裁，培养学生朗读、概述、讲述、转述的能力，设计构思精巧而又合理，充分挖掘了这篇文章发展学生语文素养的内在价值。教材只是一种材料，教师从"教教材"走向"用教材教"，但是怎么用，怎么将教材的教学价值充分挖掘出来，对教师的课程能力都是一个巨大的挑战。

第四，是简明扼要的方法指导。在教学当中，教师的指导是重要的，但是，却要把握分寸，过多地指导会越俎代庖，过少地指导会放任自流。薛老师的指导也是非常简约的。在指导朗读环节，薛老师指出："这段话当中有些词语很重要，要读重音。哪些词语呢？称霸一方、兴风作浪、治一治。"在学习概述环节，薛法根为学生搭建了方法框架："第一句：哪吒为何闹海？第二句：如何闹海？第三句话：闹了又如何？请你根据这三个问题，概述一下这个故事。"在学习讲述环节，他强调："概述的时候，我们把一个故事变成三句话；现在讲故事的时候，我们要把一句话变成三句话。"教师寥寥几句话，却都点在要害上，一下子把概述、讲述的基本方法讲得透彻明白，而且非常精简扼要。简便的方法、简捷的思路是为学生所喜欢，所乐意接受的，也很容易被学生记住并掌握。这些基本的方法提炼本身就显示了教师对语文学习方法的把握水平。

第五，是人格魅力。这节课中有很多幽默诙谐的环节。如："师：啊，不知道了。龙王称霸一方，你被吓坏了是不是？（众笑）""像这种'什么便什么'的人，都不是好人！（众笑）""这个龙王叫'敖光'，所以要嗷嗷直叫。""你这叫'此地无银三百两'，自露马脚！（众大笑不止）"在轻松诙谐的氛围中，师生的对话如涓涓细流，自然流淌。相比较一般的语文课堂教学，教师抛出一个又一个问题，学生忙着举手回答一个又一个问题，教师"问"，学生"答"，学生始终处于被动的、紧张的状态。薛法根老师的轻松幽默，拉近了与学生的距离，缓解了学生紧张的状态，让学生在愉悦的氛围中投入学习的过程。这种在教学过程中自然生成的幽默，也体现了薛法根与学生沟通交流的能力和自然诙谐的人格魅力。老师本身的沟通能力、人格魅力，也是重要的课程，他会激发学生的学习兴趣与活跃思维，调节活跃课堂氛围，让学生亲其师，信其道，在不知不觉中自由徜徉在学习的海洋中。

把备课当成课程的二次开发

一、编制《学科课程纲要》，树立学科整体意识

在新课程改革背景下，教师光进行每一节课的备课是不够的，需要围绕至少一个学期的学科教学进行《学科课程纲要》的制定。《学科课程纲要》是一种规定时间内的课程计划。具体地说，它是教师根据课程标准或指南和相关教材撰写的，体现某门（种）课程各种元素的计划大纲。它至少需要回答四个基本问题，即课程目标、课程内容、课程实施和课程评价。《学科课程纲要》是帮助教师从整体的课程要素角度思考课程开发的重要"脚手架"，帮助教师把教学置于"课程"的视域下思考，实施基于课程标准的教学与评价。它是日常教学的标杆，是学期教学的精髓，也是衡量学校课程能力的重要指标。制定《学科课程纲要》时，要关注以下三个方面：

（1）精准导航课程目标。在编制《学科课程纲要》以前，作为一线教师，对于学科的学段、年级、学期、单元教学的联系性、系统性思考还是不够的，对于学科思想的理性思考也很欠缺。教学凭的只是教材、参考书和已有的教学经验，常常是"脚踩西瓜皮，走到哪里算哪里"。在编制《学科课程纲要》的过程中，教师们对自己的教学进行系统的理性思考，视野从"一节课"走向"一门课程"，开始审视各阶段的学习目标、学习内容、实施与评价，力图在教学中体现"标准、目标、教学、评价"的一致性，使教学由经验型转变为专业型，由非理性转变为理性。

（2）设定、实施课程内容。《学科课程纲要》把教学任务细化到每一个课时，犹如军事作战时模拟的沙盘，步步为营，环环相扣。教师需要凭借丰富的教学经验，精确把握要点，对所教授的课程内容进行去粗取精、大胆取舍，还需要结合具体的教情、学情，对课程内容的呈现方式、输出渠道进行

深入思考、用心选择，最大限度地调动学生学习的积极性，增强学习的有效性。

（3）积极跟进课程评价。如何判断"教"得适切，"学"得有效？要摒弃过去仅仅基于经验或教材来判断学生学习效果的行为，而是通过科学的评价方案或跟踪监测手段，不断获得教师教到什么程度，学生在学业上是否进步的"证据"，让教师及时进行自我反思和自我矫正，有效避免学科教学中的随意性，保证教学的合理性，使教学效果达到最优化。以下是一个小学二年级的《数学课程纲要》案例：

小学数学二年级上册课程纲要[①]

课程名称：小学数学

课程类型：基础型课程

教学材料：二年级上册《数学》

教学课时：60课时

授课对象：小学二年级学生

课程目标：

一、数与代数

1.掌握100以内笔算加减法的计算方法，能够正确地进行计算。初步掌握100以内笔算加减法的估算方法，体会估算方法的多样性。

2.知道乘法的含义和乘法算式中各部分的名称，熟记全部乘法口诀，熟练地口算两个一位数相乘。

二、空间与图形

1.初步认识长度单位厘米和米，初步建立1米、1厘米的长度观念，知道1米=100厘米；初步学会用刻度尺量物体的长度；初步形成估计物体长度的意识。

2.初步认识线段，会量整厘米线段的长度；初步认识角和直角，知道角的各部分名称，会用三角板判断一个角是不是直角；初步学会画线段、角和直角。

---

① 源自网络。

3. 能辨认从不同位置观察到的简单物体的形状；初步认识轴对称现象，并能在方格纸上画出简单图形的轴对称图形；初步认识镜面现象。

三、统计与概率

1.初步了解统计的意义，体验数据的收集整理、描述和分析的过程，会用简单的方法收集和整理数据。

2.认识条形统计图（1格表示2个单位）和统计表，能根据统计图表中的数据提出并回答简单的问题。

四、综合运用

1.通过观察、猜测、实验等活动，找出最简单的事物的排列数和组合数，培养学生初步的观察、分析及推理能力，初步形成有顺序地、全面地思考问题的意识。

2.体会学习数学的乐趣，提高学习数学的兴趣，建立学好数学的信心。

3.通过实践活动，体验数学与日常生活的密切联系。

课程内容

这册教材包括下面一些内容：100以内的加、减法笔算，表内乘法，认识长度单位厘米和米，初步认识角，从不同的位置观察物体和简单的对称现象，简单的数据整理方法和以一当二的条形统计图，数学广角和数学实践活动等。这册教材的计算教学内容是100以内的加、减法笔算和表内乘法。这两部分内容都是进一步学习计算的重要基础。特别是表内乘法是学习多位数乘法的基础。因为任何一个多位数乘法，在计算时都要分成若干个一位数和一位数相乘。因此，表内乘法同20以内的加、减法一样，是小学数学的重要基础知识，是小学生需要掌握的基本技能之一，必须达到计算正确、迅速。同时，100以内的加、减法笔算和表内乘法是人们在日常生活中解决问题时经常用到的数学知识与技能。因此，在这两部分计算教学中，教材安排了运用这些知识解决问题的教学，使计算教学与解决问题教学有机地结合在一起。这不仅有助于学生了解数学知识与现实生活的联系，也有助于培养学生应用所学数学知识解决实际问题的能力。在量的计量方面，本册教材出现厘米和米的认识，让学生通过各种自主探索的学习活动，理解使用统一的长度单位进行测量的必要性，建立1厘米和1米的长度观念，初步学会用尺量物体的长度。

在空间与图形方面，本册教材安排了初步认识线段与角、从不同的位置观察物体和简单的对称现象等教学内容，使学生通过观察、操作，初步认识线段，角和直角，轴对称和镜面对称现象，能辨认从不同位置观察到的简单物体的形状，形成初步的空间观念。

在统计知识方面，本册教材安排的是简单的数据收集和整理的方法，认识以一当二的条形统计图，让学生经历用统计方法解决问题的过程。

"数学广角"是新的教学内容，介绍了简单的组合思想和逻辑推理方法，培养学生初步的观察、分析及推理能力，以及有顺序地、全面地思考问题的意识。本册教材根据学生所学习的数学知识和生活经验，安排了两个数学实践活动，让学生通过小组合作的探究活动或有现实背景的活动，运用所学知识解决问题，体会探索的乐趣和数学的实际应用，感受用数学的愉悦，培养学生的数学意识和实践能力。

课程资源

1. 课堂教学资源和课外学习资源。教师可以根据学习内容的需要，有意识地引导学生在熟悉的生活环境中经历解决实际问题的过程。

2. 充分利用多媒体技术和远程教育资源。

学情分析

小学二年级学生的脑功能发育处于"飞跃"发展的阶段，他们的大脑神经活动的兴奋性水平高，表现为既爱说又爱动。他们的注意力不持久，一般只有20～30分钟。他们的形象思维仍占主导，逻辑思维很不发达，很难理解抽象的概念。自觉学习的主动性以及分析问题时注意力的稳定性远远不够。

从心理发育看，这个阶段的孩子虽然有一定的自主能力，但是，自觉学习的主动性以及分析问题时注意力的稳定性远远不够。由于个体的差别，有的孩子稍微好一些，而大部分孩子对待学习仍带有游戏的态度，所以二年级学生的学习要领有其独特之处。

二年级学生有意识地抵制学习的心理机制并不成熟，同样，完全自觉地投入学习的心理机制也不完善，所以，不应该对孩子过于苛刻，能基本完成学习任务即可。

教学方式

1. 对于课程中的基础知识通过教师引导、学生自主合作学习的形式进行。

2. 采用多样化的教学手段，激发学生的学习兴趣。如歌曲、故事、游戏、猜谜语等活动。

3. 加强演示、观察与操作，让学生经历用数字和数学符号描述现实世界的过程。让学生在生动具体的情境中学习数学，引导学生自己思考，并与同伴交流。

4. 对于一些比较抽象或难度较大的内容，可以充分借助现代信息技术进行教学，以增强教学的实效性。

5. 重在培养学生数学学习的兴趣和良好习惯。

6. 对孩子多进行鼓励，少批评，提高学生学习的积极性。

课程评价

1. 评价原则。评价包括日常性、阶段性、总结性三种，以日常性评价为主。日常性评价一般不采用考查或考试的方式，以定性（作业评语）为主。考查或考试主要用于阶段性和总结性评价。

2. 评价方式。包括作业评语、阶段性考查或考试、综合实践活动等。作业评语和综合实践活动主要用于日常性评价。考查或考试采用百分制、等第制等定量评价方式。

3. 评价内容。学生在学习中对预期学习目标的达成度；学生参与学习活动的表达和交流的表现；学生进行课堂学习的态度、行为、习惯、方法等。

预期学期研究成果

针对本学期研究重点，预期可取得以下研究成果：

在实践中不断研究反思，循序渐进，逐步增强学生学习动机，形成良好的学习情感，培养良好的学习习惯，真正激发出学生学习的内驱力。教师与学生教学相长，共同发展。

1. 研读相关教育教学书籍3本。

2. 阅读相关研究主题论文15篇。

3. 完成相关教育随笔20篇。

4. 写作相关论文 1～2 篇。

二、怎样备好每一节课

要备好每一节课，主要从以下几个方面入手：

第一是备课标。在研究课标的时候，教师要将教材和课标进行对比分析，分析教材与课标之间的联系。教师的教学目标、内容、过程和评价设计都要基于课程标准展开，而且彼此之间要有内在的一致性。

第二是备学生，研究学生发展需要。美国教育心理学家奥苏贝尔说："如果我不得不把教育心理学还原为一条原理的话，我将会说，影响学习的最重要的原因是学生已经知道了什么，我们应当根据学生原有的知识状况去进行教学。"[①]备学生要做到六个了解：一是了解班级基本情况，如学生的构成、特点、风气、智能结构、学习情况、学习兴趣等。二是了解学生个体自然情况。包括学生的姓名、年龄、身体状况，同学和老师的关系，家庭教育环境等。三是了解学生的学习基础。四是了解学生对教学方法的喜好。五是了解学生的个性品质差异。包括学生的观察、记忆、想象、思维等智力因素，还包括学生的动机、兴趣、能力、气质、性格、自信等非智力因素。六是了解学生的变化与进步。

第三是以教材为基础，进行课程资源开发。备教材要做到三个弄清：一是弄清教材体系。通过研读教材，弄懂教材的基本思想及编写意图，透彻理解教材的内在联系、纵向关系及广度深度。弄清教材每一部分与整体的关系。二是弄清教学重点、难点。三是弄清教材疑点。

除了钻研教材之外，挖掘生活中的课程资源，通过鲜活课程资源的引入，帮助学生拓展思维，活化教材知识也是非常重要的。一旦教师将生活中的教育资源与书本知识两相融通起来，学生就可能感受到书本知识学习的意义与作用，意识到自己学习的价值，增强学习的兴趣和动机。

第四是内化教学内容，备教学结构。提到内化，人们强调更多的是让学生来内化，教师是否内化了教学内容或者能不能内化教学内容没有受到重视。不论经验多么丰富的教师，如果做不到内化，他只能是"传声筒"。教

---

① ［美］奥苏贝尔 . 教育心理学：认知观点［M］. 北京：人民教育出版社，1994：封面 .

学就是一个不断内化的过程，如果教师没有内化自己的教学内容，学生就很难做到知识内化。

在选定教学内容的基础上，备课堂教学结构也非常重要。普通的老师往往容易陷入教材内容中，不考虑学生的需求与特点，将零散复杂的内容直接传授或灌输给学生。具有课程意识的老师需要备教学结构，明确课堂教学的逻辑与主线，将零散复杂的知识用清晰的结构来呈现，用明确的主线来贯穿。

第五是备情境、提问、活动。学生发现问题、提出问题、解决问题，完成学习任务需要一定的中介，情境的创设、问题的设计、活动的安排等都是引导学生展开学习的重要中介。情境的主要作用在于呈现知识与生活情境的关联，从而使学生了解知识本身的意义，并学会在生活中运用。备问题和备活动也是教师在平时教学中不够重视的。系统化的知识要想与学生的心理结构、生活经验发生联系，问题是最好的纽带。教师要指导学生在预习的基础上发现问题，整理归纳，交流讨论，生成高质量的问题。这样的问题是展开教学的最好抓手，围绕问题进行一系列的活动设计，让学生在多种类型的活动中解决问题。

第六是备评价。评价可以是前置的，在教学之前就进行，也可以是过程性的，在教学活动的各个环节中都存在，还可以是终结性的，对学生的学习效果进行监测。只有有效利用评价手段，了解学生学习的实际情况，教学设计才可能真正做到具有针对性。

如果将始于教学内容进行的教学设计称为"顺向思考"，那么，在考虑评价设计之后，再来设计教学，则可以称为"逆向设计"。"评价设计先于教学设计"这种逆向思考是教学设计的一种全新思考，不仅是教学设计思考方式的转变，更重要的是对教学设计的理解发生了变化。评价应该包括考试、作业、提问等方式，考虑的是通过何种评价方式可以达到了解、掌握、测量学生是否已达成课程目标。

第七是备作业。作业是影响学生学习生活的重要因素，很多孩子每天为作业所累，教师们习惯了在每次上课结束后给学生布置作业，但是为什么要布置作业？作业真的对学生的学习有益吗？什么样的作业更受学生欢迎？怎样切实为学生学习减轻负担？这都是值得我们研究的课题。布置作业的时候，教师要注意以下几点：（1）明确作业的目的是什么，针对学生学习中存在的问题，布置具有针对性的作业。（2）减少机械重复的作业，尝试多种形式的、培养学生高层次能力的作业，比如趣味性自主作业、创新性实践作业、探究性考察作业、情感性生活作业、想象性作业。（3）与其他学科的老师一起统筹布置作业，预估每项作业的完成时间，切实减轻学生负担。（4）精选并布置分层作业。教师喜欢找一些现成的练习册直接给学生做，里面有很多作业不具有针对性，重复的也很多，结果是教师布置作业很方便，却浪费了学生大量的宝贵时间。因此，教师要根据学生学习的具体情况，特别是学生在学习过程中容易遇到的困难、障碍，精选作业，并针对不同层次的学生，进行分层次的作业设计。一般来说，分层的作业可以分为基础类、技能训练类和探究拓展类。教师在设计作业的时候要体现一定的层次。

第八是备自己。教师在进行教学设计时要反思和设计自己，通过自我反思，使自己的潜能得到最大限度的发挥，优势得到充分体现，使自己的弱点和错误减少到最少，以最佳的心态和形象投入到教学中，全面提高教学效益和质量。同时，教师要虚心学习和研究前人的研究成果，从中吸收有价值的、可资借鉴的研究成果，站在巨人的肩膀上向前看。教学设计的过程也是教师不断学习、不断研究的过程。

作业设计：规划奇妙的课程之旅

作业对于学生来说，太重要了，但对于教师而言，还远远没有引起足够的重视，因此，本部分内容专门讨论作业的设计。

概观 20 世纪学生的作业史，作业有两种基本方式：一种是基于杜威实验主义的活动性的作业方式，把作业看成课程本身的一部分；另一种是基于凯洛夫认知主义的文本性的作业方式，把作业看成家庭范围内完成的课程补充内容。

所谓活动性作业（active occupation），主要是针对具体的课程内容，在教师的指导下由学生自行设计的主动的操作性活动，它具有情境性、自主性、生活化等特点，这种作业方式旨在把理性化的学科性的知识授受转化为学生感性化的活动性的知识探究，让学生亲历求知的整个过程。杜威认为，最有价值的作业有三个特征：所设计的作业是最适合于儿童发展阶段的；为了准备行使成人的社会职责，所设计的作业对未来的前途是最有价值的；同时，所设计的作业对形成敏锐的观察习惯和连续推理的习惯具有最大限度的影响力。[①]

所谓文本性作业（textual homework），主要是在课堂教学之后由教师布置给学生带回家去做的一种补充性或巩固性的课程学习内容。在这种作业方式中，阅读与书写构成了学生做作业的基本行为方式，书房、桌椅、台灯、习题、文具、稿纸、教材等构成了作业环境的基本元素，它具有封闭性、单一性、形式化等特征。这种作业方式典型的提倡者当属凯洛夫。20 世纪 50 年代，凯洛夫主编的《教育学》传入我国以后，课堂教学五步法，即"组织教学—复习旧课—讲解新课—巩固小结—布置作业"，曾对我国的课堂教学

---

① ［美］杜威. 经验与教育［M］. 姜文闵，译. 北京：人民教育出版社，2005：43.

模式的定格产生了很深的影响，而且在应试教育的推波助澜下发挥过举足轻重的作用。

这种传统的课程实施模式十分注重知识传授的文本性，缺乏活动性、实践性与综合性。凯洛夫指出，家庭作业是教学工作的有机组成部分，这种作业从根本上具有用独立作业的方法来巩固学生的知识，并使学生的技能和熟练技巧完善化的使命。[①]

文本性作业给学生造成了近乎千篇一律的困局：学生坐在餐桌旁，周围堆满了各种资料，由于完不成家庭作业而哭泣，从而使得全家每个人都浸染着这种痛苦，学生没有时间参加自己感兴趣的各种体育与游戏娱乐活动，因为他们的周末都被家庭作业占据了。[②]

作业看似只是教学过程中一个细小的环节，却几乎决定了当前学生生活的主要状态与质量，不计其数的中小学生每天为作业所累，在作业中耗费了大量的心血，作业也在逐渐吞噬学生学习的兴趣与动力。受凯洛夫思想的影响，很多老师把作业作为巩固学生知识技能的主要手段，所以作业内容基本局限在机械训练、重复抄写、大量做题上。教师习惯将课本上的习题、练习册、练习试卷等作为作业的主要内容，这种做法使得作业成为了很多学生的噩梦。

有一个中国的四年级学生，随着外交官爸爸到了英国曼彻斯特就读后，再也不愿意回国读书。理由是："在英国，上学就是上学，在中国，上学就是做作业。"可见，作业的改革刻不容缓。

在国外，也存在类似的作业问题。德国学者迪茨和库特分析了 1533 份作业，根据作业的六种不同作用——巩固知识和技巧、扩大知识领域、使知识和技巧系统化、将知识和技巧运用于特定的事例和情况、运用知识和技巧解决问题、介绍新的课题——对学生的作业形式进行调查分析，最后发现 54% 的作业是"巩固知识和技巧"的，"将知识和技巧运用于特定的事例和情况"只占 17%。另一位学者德鲁洛根据上述六个类别分析了从 2002 篇作业中收集的资料，发现各类作业的分布频率：巩固类占 43%，进一步理解类

---

① [苏] 凯洛夫.教育学（上）[M].沈颖，等译.北京：人民教育出版社，1951.
② 熊和平，沈雷鸣.作业：课程哲学意涵及改革思路 [J].教育理论与实践，2008（10）：49-52.

占 16%，扩大知识领域类占 20%，运用类占 16%，系统化类占 3%。[①]这表明，即使在西方教育发达国家，教师布置的大多数作业也仅仅是低水平的机械学习，教师不太重视能激发学生创造性思维的其他形式作业。

设计丰富的作业形式，可考虑以下思路：从作业内容看，可考虑书面作业和口头作业、制作作业和表演作业相结合；从作业发生的场所看，可考虑课外作业、课堂作业、家庭作业相结合；从作业时间方面看，可考虑短期作业和长期性专题作业相结合；从作业承担者角度看，可考虑个人作业、小组合作作业和全班作业等形式；从作业兴趣角度看，可考虑把传统的单一性记忆作业和多样化、趣味性作业结合在一起，采取既重视记忆又重兴趣启发的作业形式。还可结合各个学科，设计一些比较具体的作业形式：（1）录音作业，语言学科尤其适合。（2）课本剧作业，语言学科比较适合。（3）画示意图作业，科学类课程尤其是数学、自然等学科比较适合。（4）调查采访性作业，公民、道德类学科比较适合。（5）分层作业，适合从学生的不同发展水平出发，确立一些有效的作业形式，各个学科都可尝试。（6）自主型作业，学生在教师的引导下，自主选择、参与作业内容的设计。作业可以自己留、互相留，学生自己出测试卷，交换做、交换批阅，课前自己质疑、自己设计学习思路，搜集与新课有关的信息材料等，这类作业重在培养学生的主动学习态度和创新精神，各个学科都可尝试。（7）养成型作业，重在培养学生良好的习惯和道德品质。教师把培养学生良好的学习、生活习惯作为养成性作业，请家长、社会评价，最终向学校反馈，这样既有利于学生健康成长，又促进了学校与家庭、社会之间的联系和沟通。这类作业公民、道德类学科比较适合。[②]

其实，作业也可以成为促进学生学习的重要课程。可以通过多样化的途径和丰富的、具有选择性的形式，为学生提供具有魅力的"奇妙课程之旅"。作业设计也是体现教师课程意识和课程能力的重要方面。

以下给大家呈现美国小学形形色色的作业[③]：

---

① [瑞典] 托斯顿·胡森. 简明国际教育百科全书·教学卷 [M]. 中央教育科学研究所比较教育研究室，译. 北京：教育科学出版社，1997：451.
② 陈建华. 对新课程背景下中小学作业改革的探讨 [J]. 教育科学研究，2006（1）：8.
③ 福多多. 美国小学生五花八门的作业课题 [OL]. 新浪博客，2014-07-15 [2016-09-01]. http://blog.sina.com.cn/s/blog_49381bfb0102uylz.html?tj=1.

作业1：枯燥的数学练习都被老师用很巧妙的形式演变成了可爱的游戏。比如，请将数字31折分，看看你能找出多少种折分的方法。

作业2：圣诞要到了，请你在家里的广告里找出你想给三个人送的三件礼物，把它们的价格加在一起，算算你一共需要多少钱来买这些礼物。

作业3：如果你当一天校长。比如我当校长，第一个会改变的是什么？我会加三个什么样的课程？我会把办公室装饰成什么样子？我会让咖啡厅加什么样的菜？如果学生行为不好被送到校长办公室我会如何处理？……这些问题事实上都在启发孩子的写作思维。回答完所有问题后，要求归纳总结成一篇作文。

作业4：想象一下你长大后变得非常有名，一张邮票会为你发行。画出邮票的样子，然后写出你的生长故事。

某学生是这样描写自己的生长故事的："我出生的时候数学就特别好，后来大学去了伯克利，拿得都是全A的成绩，然后毕业后奔赴华尔街，在华尔街的第二年就成了百万富翁。第三年财产达到2后面的0多得数不过来。然后我捐献出一亿用来救济穷人，促进儿童教育，支援教会建设。这就是著名的一亿捐款。"

作业5：创造一个生物。用各种几何图像组合成一个生物，可以在创造的生物上加一些有特点的器官，比如尖牙、眼睛、鼻子、头发、耳朵等等。然后写一个有关这个生物的故事或者一首诗。

作业6：阅读积分课程。每年学校在阅读方面都是鼓励加兴趣引导，因为阅读是学习的重中之重。学校的网站可以查每本书的难度和级别，还有每本书的积分。学生每读完一本书，就可以去学校的网页上做相应的阅读理解，根据测试成绩和书本身的积分，慢慢累积分数。

在这些作业中，我们可以深深地感受到，美国教师在作业设计中花费了大量的心思，他们的创造性也在作业中得到体现，通过富有创意的作业设计，为学生提供了丰富的学习经验。

作业的设计要符合各年龄段学生的特点，良好的作业习惯有利于促进学生终身学习。国外有研究表明，小学生作业习惯的培养对其在中学乃至大学的继续学习、终身学习，有很大影响。美国学者哈里斯·库帕做了多个实验。他先是比较两组学生的成绩，其中一组学生有家庭作业，另一组学生既没有家庭作业，也没有其他替代性任务。后来他有针对性地对各年级家庭作业的功效作了比较：由三位教师同时教六个各有 25 人的班，每个学生在另一同年级班里都有一名对应者。三位教师用完全一致的方法给这六个班（高中、初中、小学各两个班）上了一个单元的内容，为期 10 周。其中三个班每周有三次每次半小时的家庭作业，另外三个班则没有。结果发现，高中阶段有作业的学生的学业成绩要平均超出无作业学生的 69%；初中阶段则为 10%；在小学阶段，作业有无对学生学业成绩并未产生影响。哈里斯·库帕由此得出结论：学校必须进一步明确作业的时间要求，对各年级段的作业效果要有不同认识。小学作业要量少题易，涉及日常生活中熟悉的事物，使学生获得成功体验，培养良好习惯。初中作业应当布置，但不应夸大其激发学生学习动机的作用，应提倡布置自觉自愿的学生作业。高中教师可把家庭当作课堂的继续，让学生练习、复习学过的课程，预习接下去要学的课程内容。[①]

国内也有很多有心的老师在实践中设计了很多有创意的作业，比如："学生和家长们完成一项特殊的作业——家庭火灾逃生计划制作指南"；"学生暑假跟父母上一天班"；"全校学生每人分得一颗花种子，暑假期间看护种子生根发芽，长出叶子，并记录这一生命的过程，开学后，参评学校的绿化达人"；"在这个暑假里，你最开心的时刻是什么？赶快用画笔画出来或用相机拍下来吧"；"每天洗自己的内衣裤和袜子"；"学会煮饭、炒菜"；"把自己炒的菜拍张照片，写出炒菜的体会"；"学会一种传统游戏，并把与小伙伴玩游戏的照片拍下来"；"做一件公益事，比如打扫楼梯等社区服务"；"画自家住房的平面图，算出各房间面积"；"为父母准备一顿可口的晚餐或洗一次脚"；等等。

作业是师生特殊的生活方式，关涉学生的身心健康和幸福。丰富的、具有创意的、富有挑战性的作业，不仅给学生带来有趣的体验，也让学生对学习更加充满热情。

---

① 陆有铨，马和民. 走向研究型教师之路［M］. 杭州：浙江电子音像出版社，2002：200.

第七章

学校课程制度的生成

在一个组织中，90%的问题是由管理导致的，只有10%的问题是由员工带来的。如果你把一些好人放进一个有缺陷的组织里，你很快就会看到他们变成了一群相互指责的『坏家伙』。（戴明）

学校课程制度的功能与意义

学校课程制度就是学校共同遵守的，落实课程计划和课程方案，有效促进学校课程实施与课程开发、课程管理与课程评价的一系列规程和行为准则，是学校实现课程自主更新的机制。①教育变革研究专家富兰指出，变革过程一般包括启动、实施、制度化三个阶段，从启动到制度化的总的时间框架很长。特别是在学校层面，课程制度的创新迫在眉睫。课程制度对于推进课程改革的深入实施，主要发挥如下几项重要功能：

一、价值导向功能

不同的课程制度体现着不同的价值导向。学校层面的课程制度原有的价值取向主要是一种"自上而下"的忠实执行的取向，按照国家规定的要求，切实确保各项国家课程的有效实施。而在三级课程管理体制下，在新课程改革中，"为了每一位学生的发展"成为了学校课程价值与目标的"精神核心"。学校课程制度如果丧失了这一精神核心，课程制度就会成为丧失课程价值观导引的规训或条例。

二、秩序重建功能

首先，课程制度是一种课程决策权力的重新分配与调整，它将决定学校的组织架构和人与人之间的关系。制度总是赋予教学系统中的人以一定的角色、地位、权利与责任等等，形成一定的组织层级与差别。学校原有的制度

---

① 郭元祥.学校课程制度及其生成［J］.教育研究，2007（2）：77.

主要通过"科层制管理"，将学校成员划分成一种金字塔的结构，学校的各项事务都通过这样一种架构以一种"自上而下"的秩序在运行。新课程改革的本质是追求民主，课程制度也相应追求一种扁平化的组织秩序，既体现大多数人的意愿，提供给个人充分的自主选择、自由发展的时空与机会，又要灵活而富有弹性、高效而充满活力，在规范人的同时解放人，最大限度地开发人的潜能，调动人的积极性、创造性。其次，学校课程制度也将重建人们行动的程序与规程，从而构建一种新的课程秩序常态。学校要从原来的单一执行国家课程，关注教学落实，转向构建课程选择、课程决策、课程开发和课程管理、课程完善等一系列崭新的程序和规程。

三、行为规约与导引功能

制度研究专家斯科特认为："制度是一套或多或少达成共识的行动规则，它具有意义并制约着集体的行动。"制度作为人为制定的规则，使集体成员明白"什么可为，什么不可为"，它为集体成员的行动提供了一个价值标杆和行为方式。任何一种课程制度，都具有规约的功能，它对于身处其中的集体成员的活动权限有一定的约束和限制，保障每个成员各司其职，从而推动课程改革顺利进行。同时它也是一种使课程实施富有价值的行为导引。在当前的课程改革中，学校校长、教师的教育观念和行为还处于一种新旧交替的过程中，如果没有新型课程制度的规约与导引，要想改变学校校长、教师长期以来形成的根深蒂固的观念和行为，是非常困难的。

四、促进发展功能

课程改革的最终目的是人的发展，课程制度除了以规训来保障自由以外，本身也有教化的功能。课程制度的形成过程也是一种观念的凝固过程，它通过一系列的载体对其中的成员潜移默化地发生作用，促进成员社会化。制度促进组织内成员的发展，进而实现组织的发展，最后达成组织目标的实现。

学校课程建设中的制度问题

不完善的课程制度、陈旧的学校教学制度和已经存在明显缺陷的课程制度，不仅不利于课程改革，而且"可以把任何善意的改革都变成通向地狱之路"[①]。目前学校的课程建设中，存在着大量的制度问题，主要体现在以下几个方面：

一、"唯上意识"下的课程专制

校本课程开发倡导一种自下而上的课程行动，然而，学校的组织机构和管理机制基本上都是一种自上而下的运作模式。如果学校的管理机制和组织机构仍然停留在原来的垂直型管理，校本课程开发很容易变成"校长课程"或学校的"形象工程"，结果使得校本课程开发失去了原有的真义。而且，课程改革的决策话语权始终掌握在行政部门或行政官员手中，从权力的运行来说，这是一种"单向度"模式，在这种权力机制下，学校表面上获得了自主的课程空间，实际上，仍然是一切"向上看"，以领导的指示、上级的文件为行动纲领。

二、利益驱动下的无序竞争

三级课程管理制度的推进过程中，人们更关心的是权力的表达问题，关注谁有权，有何种权的问题，而不太关心权力应如何使用。长期的中央集权制的课程决策导致了权力的过度集中，导致了人们对分割权力的热情，却忽

[①] 康永久.教育制度的生成与变革 [M].北京：教育科学出版社，2003：157.

视了对规则意识的关注。"在权力的下放过程中，有可能导致从一种权力的专制转向另一种权力的专制，或者使课程改革完全受利益驱动，出现无序的竞争。"[①] 我们可以看到，很多学校对课程开发抱有极大的热情，但这种热情却并不是真正为了"促进每一位学生的发展"，而是学校把课程开发与建设当作在新教育改革背景下，与其他学校竞争的砝码和招牌。因此，我们在实践中发现，学校都热衷于开发属于自己原创的"课程"，用各种稀奇古怪的话语来包装自己的课程体系，以此体现自己的与众不同，即使有现成的、质量更高的课程供他们选用，他们仍然会弃置一边。因此，我们可以看到大量的学校在课程开发中呈现无序竞争的状态，每个学校都在重复开发相似的课程，"包装"似乎都很精美，实际上，课程品质良莠不齐。

三、科层制管理下的僵化与保守

科层制表面上看，似乎责任明确，运作高效，但它的重要缺陷是"用功能合理性代替了现实合理性，以致个人放弃了对自己行动负责的责任心，并丧失了对较大社会力量的控制"。[②] 在科层制管理下，每个成员只管自己的一亩三分田，集体责任感下降。而且，分割条块式的管理也造成了整个组织机构的僵化、封闭与保守，综合型课程的实施、课程的创生、教师们创造性的发挥都很难在科层制管理体制下找到合适的空间。

四、自下而上反馈机制的基本缺失

现实中"完善"的"自上而下"的传达系统已具备，但相应"自下而上"的反馈机制仍旧缺失。在课程改革中，多是上级机关对下级机关的督导、命令，是上级机关对教师的要求、考核，是"义无反顾地奏响改革进行曲"，而上级机关倾听下级机关、教师的心声、呼声的行动却失之黯然。很多学校自说自话，开发了令人眼花缭乱的课程，但是这些课程学生是不是感兴趣？课程品质如何？学生是否有收获？一切都不得而知。学校中有一套相

---

① 胡定荣.课程改革的文化研究［M］.北京：教育科学出版社，2005：209.
②［美］刘易斯·科塞，等.社会学导论［M］.杨心恒，等译.天津：南开大学出版社，1990：199.

当成熟的"自上而下"的执行机制，却始终缺乏成形的"自下而上"的"反馈机制"。在课程开发中，听取与采纳多方意见的信息渠道不畅通，使得学校始终对学生、家长以及其他民众的声音关注不大。民主参与课程制度建设的广泛性还不够、程度也不高，学校课程制度难以贴近学校课程的实际，有效性也难以充分发挥。

学校课程制度的创新维度

一、追求民主：学校课程组织规划与决策机制的建立

关注人、尊重人、体现民主应该是学校课程制度建设的基本立足点。学校要以民主的方式建立民主开放的制度和科学的管理制度，促进师生全面发展和课程文化的转变。

1. 打破科层制，建立新型课程组织机构

当前中小学校的内部组织机构和岗位设置以科层制为主，一般包括校长室、教导处、科研处、德育处等职能部门，这些部门设计主要是为学校的学科教学服务的，学校的课程建设和课程改革没有专门的机构负责。为了促进学校课程能力的发展，首先在学校的组织机构设置上，就要明确责任主体，很多学校自发建立了课程发展委员会、课程研发中心或课程领导小组，主要负责学校整体的课程规划设计和重要决策。还有一些新课程改革后出现的新型课程，如果没有专门的组织和制度保障，也就没有相应的生长空间，比如综合实践活动课程、通用技术课程，在学校没有"法定"的机构负责。学校要努力通过新型组织机构的建立，打破学科界限、促进学科交流，这样才有利于综合型课程的发展。

2. 横向领导机制的形成

校本课程开发运动倡导一种自下而上的课程行动，然而，学校的组织机构和管理机制基本上都是一种自上而下的运作模式，这样的机制不利于校本课程的发展。如果学校的管理机制和组织机构仍然停留在原来的垂直型管理，校本课程开发很容易变成"校长课程"，也很容易变成学校的"形象工程"，结果使得校本课程开发失去原有的真义。因此，要求学校必须超越自身组织上的局限，打破垂直型领导，形成横向的领导机制。

所谓横向领导机制是指领导者与组织成员之间的关系不是上传下达，命令与执行的关系，而是一种在共同愿景下的价值观和理念的互动、共生的关系。组织中的每一个成员都有表达自己意愿、想法、建议的权利，课程建设应该是所有组织成员共同协商、共同创生的过程。在横向领导机制的建立中，需要对校长的权力进行制衡，比如有学校形成了校长权力的制衡模式，通过教代会、校务委员会和党总支对校长的权力进行制衡，重大的政策审议决定权和校长的信任投票、学校重大事项决策由校务委员会负责，干部的选拔考察把关、办学方向、学校价值观等都有不同的机构负责与校长共同决策。①

在对学校领导的权力进行制衡的同时，还需要发挥每一位教师的积极性，这时可以引入项目管理制度。把项目管理引入学校的课程建设，可以把课程建设的系统工程分解成各个不同的大项目，比如国家课程的校本化实施、国家课程的拓展研究、综合实践活动的校本化开发、具有校园文化特色的校本课程开发与实施等，然后在不同的大项目中，再派生出许多小项目。通过项目开发小组的建立，每个教师都有可能成为项目负责人，权力被分散了，学校组织呈现"扁平化"，每一个人都可能是领导者，这样的组织机构"因事而立"，项目组的成员不是上下级关系，而是合作伙伴关系，有利于调动每一位教师的积极性，从而激发每一个人的潜能。这时校长的作用往往在于领导大家设计共同的课程愿景，提供支持性环境，促进组织形成共同的教育理念和教育哲学。

3. 集体审议的课程决策制度

英国课程专家施瓦布认为课程开发是一个集体审议的过程，包括校长、教师、学生、社区代表、课程专家、心理学家和社会学家等人员组成的课程集体审议人员，通过对问题情境的反复权衡而达成一致意见，最终作出行动决策。在校本课程开发的过程中，我们需要对很多实际的课程问题作出决策。校本课程开发应该反对凭借个人的权威、霸权来作出决定，所以，集体审议被认为是首选的课程决策方式。

学校在建立课程审议委员会等课程决策组织机构时，要吸纳来自学校教师、学生、家长、社区等各方的代表。课程审议委员会的任务一般包括：（1）

---

① 李希贵. 发现与唤醒每一位学生［R］. 山东，2015.

参与确立学校教育哲学的研讨，组织对各方人士的调查，分析、研讨调查信息，与大家一起确立学校教育哲学；（2）分析评估学生、学校、社区的不同需要，掌握校本课程开发的一手资料，便于指导工作，解决开发过程中出现的各种问题；（3）客观、公正、科学、民主地参与校本课程的审议活动，确保校本课程开足、开好，满足学生多样化发展的需要；（4）认真负责地审议教师撰写的课程纲要，并提出修改或具体实施意见；（5）定期召开会议，对学校课程实施现状进行分析、评价与反馈，提出促改意见，还应及时向社会、家长报告相关信息；（6）制定开发校本课程的各项相关制度，如校本课程开发激励制度、校本课程评价制度，并监督制度的执行与落实；（7）检查与督促校本课程开发方案的执行情况，对工作完成好的人员给予奖励，及时地将各学年的校本课程开发方案报送区教育行政主管部门审批等。

4. 学习型组织的建立

在新的课程体制下，需要激发每个教师的潜力，为学生打造丰富、多样、充满时代气息和可选择性的课程体系，这对教师的知识结构、学习方式都是一种巨大的挑战。为此，学习型组织的建立非常重要。学校需要改变以往以"管理"为主题的运营方式，减少因为行政事务的各种会议、通知，增加以"学习"为主题的研讨、交流。比如有学校就建立了多层次的学习制度：针对学校领导和骨干教师，制定了学校"团队学习制度"，学校中层以上领导和各教研组长，每学期集中学习时间不少于10天，在集体备课和教研活动中，作学习心得发言。建立"主题学习制度"，要求每一周每个教研组确定一个学习主题，开展系统深入的学习活动。建立"全员学习制度"，要求教师将教学反思、教学实践问题情境的探讨、教学方法创新等结合起来学习研究。

二、鼓励创新，体现个性选择：学校课程开发与运作管理机制的创生

1. 课程规划、申报、编写与审核制度

学校要根据上级教育行政部门规定的课程计划或课程设置，结合学校的具体情况，定期对学校的课程进行整体的规划与设计，制订学校课程方案。制订学校课程方案，需要遵循以下几项规范性的程序，并将这些程序制度化：

（1）需求评估与学校背景分析。研究、分析学生、学校和社区的发展需

求，以及学校与社区的课程资源等，对学校的具体情况进行全面评估。

（2）确定课程目标。在需求评估的基础上，确定校本课程的总体目标，形成学校的共同愿景和课程开发方向。

（3）设计学校课程结构和内容。对学校所有的课程内容进行系统化分类、整理，形成清晰的课程结构和丰富合理的课程内容。

（4）组织与实施。根据校本课程的总体目标与课程结构，安排具体的课时、课程实施地点、负责人、课程实施的方式与策略、教学方式的变革等。

（5）评价。收集课程设计、实施和学生学习、教师教学等方面的评价信息，提出改进的建议。

如果说学校课程方案是学校课程的整体设计图，是引导学校整体课程建设的重要文本，那么课程纲要则是学校中某一门校本课程开发的设计图。一般来说，课程纲要需要阐明以下几方面的内容：课程类型、授课对象、授课时间（课时）、课程简介、课程目标、课程内容、课程实施计划（含方法、组织形式、课时安排、场地、设备、班级规模）、课程评价（主要是对学生学业成就的评定，涉及评定方式、记分方式等）。

学校课程方案和每门课程的课程纲要都要经过学校课程管理委员会等机构的审核，通过审核的学校课程方案，学校在具体实施中还可以根据各门课程实施的具体情况制订学校课程年度实施方案，确保校本课程开足开好，满足学生多样化发展的需要。课程纲要审核通过后，教师要制订具体到每课时的教学活动方案。

2.学生选课与走班制度

校本课程的开发与实施强调学生的自主选择性和促进学生个性发展，为此灵活、多样化的组织形式和选课方式是必不可少的配套制度。比如有学校在实践中形成这样一系列选课制度：每学年的第一周进行"校本课程推荐会"，由每个老师向学生进行校本课程的简要介绍和推荐，然后发放"课程选择意向表"，由学生自主选择课程。学校教科室、教导处根据学生报名情况，确定班额、任课教师，安排上课的时间地点。开学后第二周校本课程教师正式上课。学生选课后可以试上两周，如果觉得课程不适合自己，还可以向教科室或教导处申请微调。

还有一些校本课程门类比较丰富的学校，因为有几百门校本课程，学生面对琳琅满目的课程会不知所措，学校针对这一情况，专门为学生印制学校各种课程的介绍，并为学生配备选课指导教师，由专门的教师根据每位学生的具体情况对他们进行选课辅导，从而帮助学生更好地进行课程的选择。

学生选课与走班制度为学校的常规管理带来了挑战，有的学校甚至取消了"行政班"和"班主任"，对原有的学校结构进行了整体的变革。比如，以下是北京十一学校为了打造适应每一位学生发展的课程而进行的年级委员会的架构①：

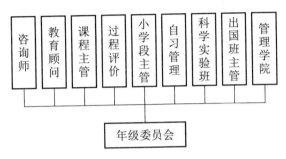

图 7-1　年级分布式领导图式

网上选课制度也是很多学校采用的，校本课程开发头绪多，涉及面广，耗时费力。为了提高效率，许多管理工作可以利用现代化网络技术。如可以利用网上的师生交流室或学生聊天室来即时获悉学生的学习需求。另外，学校与家长的联系也可以在网上进行。某些学科的教师开发的新的课程产品也可以即时在网上展示等。

3. 校本课程研修制度

在新的课程改革背景下，学校的课程开发、实施、评价、管理等都应该成为校本研修的重要内容。学校可以以校本课程门类为单位形成研究共同体，定期开展教研活动。

比如某学校就针对学校校本课程建设专门制定了校本研修制度和要求：每学期组织教师学习校本课程理论、课程纲要撰写方法等；规定每位参与校本课程研究的教师平时要相互听课，并做好听课、评课记录。学校每学年组织开展若干次有一定规模的校本课程公开活动，每位老师在一学年中至少上一节校本课程观摩研讨课；每位教师每学年要撰写一篇有质量的校本课程研

---

① 李希贵. 发现与唤醒每一位学生［R］. 山东，2015.

究论文或校本课程故事；每学期初和期末各召开一次学校校本课程研讨会，互相交流教学经验，反馈课程实施中的一些问题，逐一剖析、反思，找出解决问题的办法，同时共同商讨下一步的对策、措施等。

校本课程开发和实施的关键是为了促进每一位学生的主动发展、个性发展，为此校本课程的实施过程中，要切实转变教学方式，转变传统教学中学生静坐听讲、被动接受的状态，激发学生的学习主动性和创造性，让学生尽量采用多样化的学习方式参与到学习中。教师教学方式的转变是一个艰难的过程，学校应该在校本教研中，充分利用制度的约束力，推动教师教学行为的变革。

三、关注弱势——学校课程反馈、评价与激励保障制度的生成

1. 学生评价与展示制度

第一是建立定期问卷调研、访谈制度。学校必须通过制度的保证，为学生参与课程开发实施提供渠道。学校可以通过问卷、访谈了解学生的兴趣、满意度和对课程的建议，学生是学校课程评价的一个重要的信息来源，他们对于校本课程的兴趣和意见在很大程度上是评价课程的一个重要的参考指标。

第二是建立学生学习结果的定期展示制度。一般来说，校本课程是以培养孩子能力发展为重点的，为此，表现性评价的运用更有利于测试出学生高层次能力的发展情况。所谓表现性评价是指在学生学习完一定的知识后，通过让学生完成某一实际任务来评价学生的学习状况，它有别于传统的纸笔测验评价，是对学生能力行为进行直接的评价。有些学校通过定期举办"校本课程成果展示活动"，邀请家长与社区人士参与，既锻炼了学生的能力，为学生搭建展示舞台，又让家长们了解学生的学习状况，利用这个机会争取他们的支持与帮助，听取他们的意见，了解他们的需求和期望。

第三是建立校本课程实施的过程评价制度。在课程实施中，教师可以通过成长记录袋、日常观察记录表、考勤表等对学生在课程学习过程中的表现进行评价。通过成长记录袋的建立，展示学生校本课程学习成果，促其反思自身的变化与成长，记录学生所付出的努力。教师还要通过日常观察记录、考勤表包括平时作业的批改等了解学生学习的态度等具体情况。

第四是建立每一门校本课程的评价量规。在课程设计时，就要对这门课

程的评价标准进行先行设计。一门课程学习结束后，要对学生的学习情况作一个全面的考查，了解学生的实际学习水平，进行终结性评价。终结性评价要综合期末考查、出勤、日常表现、获奖情况等方面，全面考查学生的发展和进步状况。

2.教师评价与激励制度

学校对教师的评价主要指向教师开发与实施校本课程的教育理念和能力、教学手段和方法以及由此达成的教学效果，可以从教师编写的课程纲要、课堂教学、教案设计、资料搜集、学生作品等方面进行评价。

学校针对教师的校本课程开发和实施还要建立一系列的激励和奖励制度，比如每学期期末进行"校本课程优秀工作者评比"，"优秀校本课程展评"，实行校本课程开发津贴制度。对教师选用、改编、新编又能形成序列的校本课程教材，教师自主开发的课程资源、教学设计、教学实录及教学反思，给予适当奖励。对积极参加集体研讨、集体学习以及校本培训的教师，学校将给予精神和物质奖励。在教师的职称评比、工作量考评制度中，教师参与校本课程开发的课时、工作量和表现等都应作为重要的考评依据等。

3.学校课程评价、督导与完善更新制度

课程评价主要包括对学校课程方案、课程纲要、课程实施效果的评价。学校课程方案的评价主要看课程方案的制订能否体现学生、教师、家长等各方的需求和期待，能否体现学校的办学特色和教育哲学，课程结构内容是否设计合理，课程实施是否顺利，课程评价是否合理等。课程纲要的评价主要看课程目标是否与本校学生的需要相吻合；看课程内容能否适应实现目标的要求；看实施建议能否保证学生自主、愉快地学习；看评价建议是否有利于促进师生发展。

有的学校为了监控课程开发实施的质量，专门建立了课程督导制度。督导的主体从单一的行政人员转化为多元的研究团队、指导团队，人员包括学校领导、学科带头人、教师代表、家长代表和地方专业督学等；督导的价值取向从原来以评估教师工作优劣、考查学生成绩高低的绩效评价，转化为以帮助教师改进工作、促进专业化、帮助学生克服学习困难为主的发展性评价；督导的内容从关注教师课堂教学技能，转化为关注教师执行课程能力、师生创生课程能力和师生自我评价能力；督导的着眼点从关注学校培养目标的达成，转化为关注学生的情感发展、心理发展、知识发展和技能发展；督导的方法从单一的流水线式检查转化为引入了更加科学的研究方法，如观察法、问卷调查法、访谈法、测试法和资料分析法等。课程督导制度一般以年级组为单位每学期进行，这样有利于各个学科的整合和学生综合素养的提高，更有利于针对各年级段学生的特点解决出现的问题。[①]

每学年校本课程管理委员会可以组织对校本课程的效果评估，对校本课程教案进行修订完善，不符合学生需求，实施效果不好的课程可以淘汰，受到学生欢迎的课程要进一步吸纳各方意见，从学生、家长、社会效益和学校规划及培养目标等多角度出发，对每门课程的进一步实施和开展提出改进方案，优化课程内容体系。

4. 课程服务与保障制度

校本课程的顺利开设还需要一系列资金、场地、设备等资源的保障，比如学校在开发校本课程的过程中，想要开拓广泛的社区社会资源，聘请社会上一些优秀的专业人士作为学校校本课程的指导教师。然而，由于受到经费和各项制度的限制，学校外聘教师往往得不到相关的制度支持，学校缺乏灵活运用优质社会资源的保障机制。苏州市教育局针对学校校本课程开发专门启动了校外专家助推学校课程改革项目，每年为学校聘请校外专家提供一定的经费支持，这样的机制对激发学校课程开发的积极性起到了重要的作用。

此外，学校还要加强图书馆、实验室、专用教室、活动基地等设施的建设，合理配置各种教学设备，最大限度地利用各种课程资源，为学校课程实施提供必要的物质保障。要提供必需的经费，保证课程资源的开发与建设、教师培训与对外交流等。要积极主动地利用地方课程资源，努力探索校际资源共享机制。要充分考虑教师的工作时间和负担，为教师参与培训和课程开发提供时间保障。

---

① 钱澜. 分享、研究、督导：学校课程制度的创新［J］. 中国教育学刊，2008（8）：49.

第八章

国内外鲜活灵动的课程实践

学校总是督促你去做你认为不可能做到的事情。假如你害怕登高，他们就鼓励你爬山；如果你板球打得不好，就让你投球给击球员；倘若你在古典文学方面有天才，就让你学科学。在你本以为不可能办到而第一次获得成功的时候，你就为一生的自信打下了基础。（迈克尔·福克斯）

斯坦福大学的 EPGY 课程

天赋少年教育计划（The Education Program for Gifted Youth），简称 EPGY 课程，是基于斯坦福大学、迈卡恩大学、加州大学伯克利分校等美国著名大学对天赋资优的青少年的超前教育的研究成果而设的，历时 50 多年的探索和实践，面向全世界 5 — 18 岁的优秀中小学生提供完整的教育平台。

EPGY 课程通过计算机平台的授课令学生无须脱离原来的学校环境，针对学生个体差异开展有效教学，学生可以按照学习进度调整教学节奏。EPGY 教育形式多样，发展至今形成了在线中学（online high school）、在线课堂（online courses）和暑期学院（summer institutes）三大类课程体系。①

一、EPGY 在线课程

主要有两种组织形式：个性化学习指导型课程和研讨式课程。一对一的个性化指导学习型课程在约定时间段由 EPGY 导师，通过计算机平台开展指导，根据学生学习能力的差异，有针对性地设计作业。每个学生都可通过邮件、在线交流工具，或者每周定期举行的师生在线讨论会，直接向导师求助。整个讲座过程在网上都有记录，可供学生反复学习使用。作为在线听课的补充，学生还须完成大量紧扣教材内容的作业。

根据 2010 年 EPGY 网站发布的远程教育课，具体设置如表 8-1 所示：

---

① 赵萱. 精英教育典范：美国斯坦福大学 EPGY 课程述评［J］. 中国成人教育，2011（4）：112-113.

表 8-1 EPGY 在线课程设置 [①]

计算机	EPGY 中级计算机课程（4 门）
	C 语言概述、C 语言编程—算法技巧、符合数据 C 语言专题、Java 语言介绍
	AP 计算机课程（1 门）
	大学计算机先修课程
音乐	中级音乐课程（1 门）
	音乐基础理论
外语　汉语	中级汉语课程（4 门）
	中国概况 A、中国概况 B、中级汉语等
	汉语先修课程（1 门）
	汉语大学先修课程
外语　拉丁语	中级拉丁语课程（3 门）
	拉丁语入门、中级拉丁语、高级拉丁语
	拉丁语大学先修课程（1 门）
	大学先修（AP）拉丁语课程
数学	初级数学课程（4 门）
	2 年级俗称数学、3/4 年级俗称数学、5/6 年级俗称数学、初级代数
	中级数学课程介绍（4 门）
	入门初等代数、进阶中介代数、入门几何、入门初级微积分
	AP 微积分课程介绍（3 门）
	微积分 A、微积分 B、微积分 C
	大学数学课程介绍（10 门）
	线性几何、多元微分学等

---

① 赵萱. 美国斯坦福大学天赋少年教育计划探微［J］. 外国中小学教育, 2011（3）: 35-36.

		中级物理学介绍（1门）
实验室科学	物理	物理学概论
		AP物理课程介绍（3门）
		物理学概论、力学、电磁学
		大学物理课程介绍（8门）
		光学、热血、现代物理学等
	化学	EPGY化学大学先修课程（4门）
		化学荣誉课程、化学先修课程、化学实验荣誉课程、化学实验先修课程
	生物	EPGY生物大学先修课程（3门）
		大学生物先修课程、大学生物实验室课程、生物学研究课题
英语		初级英语介绍（3门）
		英语运用与写作、英语阅读与协作、初级说明文写作
		中级英语课程介绍（4门）
		英语句法、中级说明文写作、高级说明文写作、创意写作专题
		AP英语课程（1门）
		英语语言与写作

二、EPGY 在线高中课程

2006年9月EPGY在线高中首次开设了人文学科和社会科学课程，录取了30名学生，不久在线高中注册学生数便突破了300人。EPGY在线高中授课目标在于：让资优学生在各地都能接受到世界顶级的优质教育，为未来的成功作好准备；为有天赋的学生提供中学毕业证书，赋予他们追求学术的机会。

在线中学课程主要分为五大模块：（1）核心课程，如"科学史：伟大的思想、发现与实验"；（2）人文学科，涉及英语、外语、音乐，如"说明文写作基础"；（3）自然学科，如物理、化学、生物等；（4）社会学科，如历史；（5）暑期项目，其中有18门属于大学层次的课程，如"经济学""逻辑导论"。具体如下表：

表 8-2 在线中学课程设置

课程模块			课程内容
核心课程（4门）			科学方法论：生物学 科学史：伟大的思想、发现与实验 民主、自由和法治 批判性阅读与论证
人文学科	英语（9门）		说明文写作基础等
	外语	汉语（5门）	汉语入门、中级汉语、汉语先修课程等
		汉语（5门）	拉丁语入门、中级拉丁语、拉丁语先修课程等
	音乐（2门）		音乐理论简介、音乐理论先修课程
自然科学	数学（15门）		初级代数荣誉课程等
	实验室科学（15门）		探究式物理、化学实验室荣誉课程、生物先修课程等
	计算机科学（3门）		C 程序设计入门、编程 C：算法和技术、计算机科学先修课程
社会科学	历史（6门）		美国地理与历史荣誉课程等
	经济（1门）		经济
暑期项目（9门）			化学实验荣誉课程、领导力研讨会（I, II, and III）、公开演讲等

三、EPGY 暑期学院课程

2010 年暑期学院分为高中生与初中生项目，分别为天赋资优、积极进取的初、高中学生设计，在斯坦福大学校园里面授课。高中项目学生年龄为13～17岁，主要开设生物科学、商科、计算机科学、工程、人文、法律研究、数学、物理科学和写作等课程，授课时间为3～4周。参与初中项目的学生年龄为11～13岁，一般以6～7年级来自加利福尼亚州的学生居多，当然也有来自美国其他地区乃至世界各地的学生，前来接受为期两周的培训，开课范围涉及数学、计算机编程、物理科学、文学创作等领域。EPGY暑期学院的教学以启发式学习为主线，每天早晨9点到下午3点为开课时间，期间还会穿插专题讨论和文化交流活动。由于课程设计、教学模式均按照斯坦福大学的方式运作，教师和助教也全部来自斯坦福大学，参与EPGY暑期学院的学员将会得到就读世界名校的"超前体验"，为将来留学打下良好的基础。

【案例评析】

EPGY课程至少给我们以下三点启示：

一是充分利用大学的优质课程资源，为基础教育服务。目前基础教育阶段的课程开发之所以面临很多困难，与我们缺少优质资源，缺乏专业支持，专业能力不够有很大的关系。EPGY课程汇集了美国多所优质大学的师资力量，开发了内容丰富的课程内容，由于师资力量雄厚，课程的品质也就不言而喻了。

二是充分关注基础教育阶段天赋儿童的个性发展。我们的学校中不乏高智商、高学习需求的孩子，在传统课程体系中，这些孩子的学习需求得不到满足，总是处于"吃不饱"的状态。初高中阶段是学生创新意识、能力发展的关键时期，有必要对这些特殊的学生进行特别的课程设计，去发现学生身上某一领域的潜质，指导他们去挖掘自身的潜能，为天赋少年提供适合的教育也是教育公平的体现。

三是充分利用网络信息技术手段，实现资源共享、个性学习。网络平台可以帮助学生突破时空局限，既不破坏自己的常规学习进程，又能根据自身需要选择"加餐"课程，突出了非正式学习和个性化指导的价值，这样的在线学习平台能够让更多的学生受益，实现优质课程资源效益的最大化。

总的来说，EPGY课程利用网络和优质大学的资源建立起初中、高中和大学在课程领域、知识体系的关联，建设在线课堂，推广非正式学习，有利于满足中小学生个性化发展需求。反思我们的课程建设，我们在体制上还不够灵活，优秀的大学教师我们也有很多，怎样把他们的力量引入基础教育阶段，为我们所用？网络我们也有，怎样通过网络，把优质资源的效用发挥到最大？怎样通过网络促进孩子的个性学习？这都是我们需要研究的课题。

托马斯·杰弗逊科技高中"推动人类进步"的课程设计 ①

　　美国的托马斯·杰弗逊科技高中，是一个以美国第三任总统托马斯·杰弗逊的名字命名的学校，始建于1985年，在《美国新闻与世界报道》所做的"美国100所最佳公立高中排名"中，连续3年位列榜首。一所只有25年历史的公立学校，获得如此殊荣，的确有其不同凡响的做法。

　　托马斯·杰弗逊科技高中的教育从暑假学校就开始了，暑假学校的科技课程都是动手动脑的，比如物理学科，从加工材料做起，锯、剪、焊、接、电脑编程等，基本功就在这里学会。暑假学校的科技课程非常生动活泼，吸引学生热爱学校、热爱科学，比如以电视连续剧《解密》为话题，让学生参与破解一个个有趣的科学秘密，在破解秘密的过程中产生浓厚的科学兴趣、研究兴趣。

　　托马斯·杰弗逊科技高中的课程设置重视基础、突出科技、文理并重。除了理科课程，还有丰富的文科课程、体育艺术课程。学校课程设置的一大特色就是9年级新生要学习复合型课程，即生物、英语、技术三门课的复合。技术课教授的是动手实验、计算机、焊接等实用技术。三门学科之间是有关联的，相关学科教师一起备课，把一年的计划设计好，根据教材设定主题，三门课的教师一起上课，指导学生。如环保主题，生物教师带学生看样本，指导学生研究基本原理；英语教师指导学生看文章，帮助学生提问分析；技术课老师带学生做实验，帮助学生掌握技术、器械。复合型课程一节课时间比较长，这样的教学除了学科综合的优势外，还有助于学生形成团队精神。

　　该校还有一个很有意思的特色课程——"第八节课"，这是学生自发形

---

① 程红兵.误读美国教育：中国英才教育批判［J］.人民教育，2012（1）：23-26.

成的，没有学分，学生自己选择做事，根据自己的兴趣，自己找老师，除了科技研究，还有文化活动，或者到当地小学讲授科技，或者组织有意义的活动，有些学生也可以选择找老师补课，这给了学生相当大的自由度。

这所学校的另一大特色就是每一位学生都有研究项目，最后一年都必须提供研究成果。学校积极倡导推动人类进步的科学研究，每学年学校邀请科学家来校演讲，为学生作报告，激发学生为人类的科学事业而奋斗。

学生在四年高中生活中，其科学课题研究是有系统设计的，9年级学生刚开始进入高中，先感受一下高中课程，同时要考虑自己的兴趣，思考自己的课题方向，全面规划设计自己的课程，把学校每个学年的学习和暑假学校都纳入到学时之中。如对化学有兴趣，在各个年级选修什么，暑假学校学什么，把中学、大学的课程全部考虑进去，由广到细，由浅入深，最后第四年，12年级学生必须选择科技项目的研究课题来研究。科研项目与课程紧密相连，先有学生的兴趣，学校再设计相关课程，比如有些学生对通过电脑读取人类大脑的脑电波产生很大兴趣，学校因此建立神经科学课程，建立神经科学实验室，不少课程是建立在学生课题的基础上的。

学生选择的研究项目都是真实的、立足于解决现实问题的研究，有些研究属高端前沿，因此对科学实验室的要求非常高，公立学校没有资金购买，就想办法寻求相关科技公司、研究机构、大学的支持。85%的学生在学校进行研究，学校在相关单位的帮助下建立了神经科学实验室、能源实验室、化学分析实验室、海洋生物实验室等13个高端实验室，另外有15%的学生到外面的大学、研究机构做研究。

2013年11月19日，美国一家太空企业利用一枚火箭创纪录地同时把28颗卫星送入地球轨道，其中包括由托马斯·杰弗逊科技高中学生制作的第一颗微型卫星。这颗名为TJ3Sat的卫星长宽各为10厘米，高12厘米，重0.89千克，内部包括一个语音合成器，能把接收到的文字串转换成语音，然后以业余无线电频段传回地球。在这颗由学生设计的人造卫星升空进入宇宙之前，学校的学生为此研发了7年之久。《华盛顿邮报》报道称，TJ卫星大约有2斤重，可以放在手掌中。在其发射升空后将在距地面约310英里处环绕地球。TJ也能接收学生发往宇宙的消息，并能通过无线电电波广播出来。无线电监听器可接收到卫星发出的无线电信号。这颗卫星可以在近地轨道运行两年，最终将坠入大气层被烧毁。

图 8-1 学生制作的人造卫星

图 8-2 学生制作的太阳能车

【案例评析】

当我们的优秀学生在拼命做题的时候，托马斯·杰弗逊科技高中的学生在动手做实验；当我们的精英高中学生仍然在为分数、高考拼搏的时候，他们在做科学研究课题；当我们的英才少年在搞奥林匹克竞赛的时候，他们在研究如何攻克癌症，制造火箭，开发新能源，做火星探测器。这些年来，我们的重点高中也搞课题，但那多半是点缀；我们也搞研究性学习，但那多半是纸上谈兵；我们的学生也会写科研论文，但时常是老师帮忙，甚至是父母代劳；我们有些高中也有一些像模像样的所谓实验设施，但那多半是博物馆型的，观摩的意义大于动手的意义；我们一些职业技术学校也有一些实验设施，但很可惜，这些学生只会操作，不习惯于创造。托马斯·杰弗逊科技高中用"推动人类科技的进步"引领学生确定立意高远的学习目标，我们用考上名牌大学作为诱饵刺激学生的学习，出发点的不同也决定了学习品位的差距。从托马斯·杰弗逊科技高中与我们国家高中学生学习状态的差别，我们基本上也可以看到两个国家之间教育和科技发展的差距。

托马斯·杰弗逊科技高中的每个实验室都堆满了各种工具、材料和各种半成品，看似杂乱无章，但其实自然真实，他们是在做真研究，做真课题，做实实在在的科学研究，进行推动人类进步的发明创造。

他们将杜威"做中学"的思想、赫尔巴特的学科教学的思想、建构主义的研究探索体验的学习思想等看似矛盾的各种学派教学思想全部整合在一起，形成了有效的育人方式，培养了一批批真正的科学技术人才。他们会做，最基本的动手能力、实验能力远远超过我们的学生；他们会读，离开老师的时候，他们自学了大量学科教材、科学著作，形成了比我们的学生更加广博、更加深入的理论知识系统，为创造研究打下了深厚的知识基础；他们善于发现问题，具有质疑探索的可贵精神；他们会学，自主学习，自主研究，自我表达，将自己的研究成果用文字、用作品表达出来。相反，我们的学生最擅长的就是做题。

托马斯·杰弗逊科技高中的真研究课程与我们国家的研究性学习课程是非常相似的，新课程改革后，从小学到高中，都设立了综合实践活动课程。作为一门国家规定的必修课程，它对改变学生的知识结构，培养学生的创新能力、实践能力等都具有重要意义。可是，这门课程的实施缺乏一系列的配套制度，在很多学校形同虚设，根本得不到常态实施。研究性学习课程由于与高考没有直接联系，新课改以来的十多年，在高中的实施是举步维艰。从初中到大学本科毕业，这个十年是一个人一生中最少保守思想、最容易接受新鲜事物、最容易产生新创意、想象力和创造力最为活跃的十年。在这宝贵的十年里，学生的大好时光都被考试、题海占据。所以当学校在天花乱坠地吹嘘自己的特色校本课程的时候，我们首先要看一看这些学校有没有规范实施国家规定的必修课程，综合实践活动课程有没有落实到位。

此外，托马斯·杰弗逊科技高中强调动手的暑期课程、强调学科融合的复合型课程、强调学生自主安排的"第八节课"都是基于科技创新人才培养的需求设立的，对我们的课程实践具有启发意义，其实践对我国普通高中课程基地的建设也有一些启示。课程基地的建设主要不是场馆建设，不是为了建一些摆设型的实验室，而应该围绕学生的课题研究、项目研究进行实验室的建设。另外，学校与公司、政府、大学、科研机构的广泛合作，也是学校成功的重要因素。

英国公学的"全人格"课程 ①

英国公学是私立学校，一般不接受政府资助，因而不受政府制约，享有很高的办学自主权，面向全国招生，尤其以贵族和富裕家庭子弟为招生对象，不以营利为目的。大多数公学均实行严格的、封闭式的寄宿制管理。公学历经 600 年左右而不衰，为英国社会各行各业培养了一批批领袖人物或精英人才，被人们誉为"教育的活化石"和"英国精英的摇篮"。

英国公学的课程特色体现在：

一、特别重视体能训练

英国绅士一向以勇士自居，所以，提倡运动、增进体质对绅士的培养必不可少，体育运动是公学最为重要的传统。1815 年惠灵顿在滑铁卢击败拿破仑之后说过："这场战争是在伊顿公学的运动场上打赢的。"尽管这位著名将军、政治家在伊顿公学读书时成绩很差且中途退学，但伊顿的体育教育却为他一生的功勋奠定了基础。在历史上培养了 19 位英国首相和 36 位维多利亚十字勋章获得者的伊顿公学，每周体育课时达 23 小时，基本每天都有半天在运动，学校设有足球、橄榄球、赛艇、田径、曲棍球、板球、野地游戏等 8 门必修体育课和 27 门选修体育课。其中，一些伊顿特有的运动，如"伊顿五人"、墙球赛、野地游戏赛等以勇猛、粗鲁、对抗强度大而著称。

---

① 原青林.英国公学英才教育的主要特点探析［J］.外国中小学教育，2006（12）：12-18.

二、礼仪风度的养成

英国的上流社会总是以举止大方、谈吐得体、交际圆滑而与下层社会相区别，这也是绅士阶层体现其优越性的一个方面。英国社会对古典人文学科和宗教学科塑造性格的价值深信不疑，这些学科成为包括公学在内的所有文法学校的主要教学内容。它们涉及宗教信仰、道德教育、文法训练、历史警喻等方面，对于一个人的宗教虔敬、道德熏陶和文学修养等方面的作用是不可否认的。文学家弥尔顿、哲学家洛克、浪漫主义诗人雪莱等都是极好的例证。

公学的礼仪风度的培养主要是通过社团活动进行的。每所公学都有多个社团和俱乐部，以哈罗公学为例，有辩论社、摄影俱乐部、自然历史和自然保护社、爵士音乐俱乐部、戏剧俱乐部、桥牌俱乐部、围棋俱乐部、垂钓俱乐部、论文俱乐部等。

以辩论社为例，辩论是英国人喜爱的一种教育活动。公学学生经常选择一些有争议的题目，举行团体或个人辩论会。这种辩论一方面可以训练参加者的口才，更重要的是整个辩论的过程，需要参加者运用其思维、想象、机智、组织等多种能力，以求驳倒对方，而同时又要表现出从容、忍耐、含蓄与礼貌的风度，这一切均非书本所能提供。所以在公学看来，参加辩论乃是一种最佳教育。

古典课程和宗教课程的道德熏陶、课外活动的礼仪和才能训练，使学生养成所谓上流社会必须具有的风度，他们的一举一动都适度有节，精力充沛而不鲁莽，感情丰富而不轻浮，任何时候都能以从容、谦恭和富有理性的形象示人。

三、性格陶冶

塑造性格是公学的主要目的。为了贯彻性格陶冶的原则，学生寄宿遂成为一项重要要求。学生除了上课和部分工作外，睡在宿舍，吃在宿舍，学习和游戏在宿舍，交友谈心和互相砥砺也在宿舍。新来的学生要受到高年级学生的捉弄、揶揄，并为他们跑腿，做杂役，否则就有受罚的危险（20世纪

60 年代以后，其中的粗暴成分被废除）。但他们不悔恨，不报复，却关怀宿舍的活动而成为宿舍的忠诚维护者。如此渗透于每一个生活细节的规定，使学生仿佛生活在一个时刻充满提醒的环境中，他们的行为动作几乎都在特定的时间段进行，严格的约束造就了他们文明儒雅的举止、坚强的性格、吃苦耐劳的精神。各宿舍之间举行比赛时，集体的光荣感和责任心更能激励他们的心弦。宿舍组织体育活动和文娱活动，安排学术辩论和学习竞赛，开展社会交际和人际交往活动，奖励团结友爱和自治精神。

学校时刻鼓励学生去做在他们看来无法胜任的事情，鼓励知难而进，挑战极限。当学生终于达到本以为不可能达到的目标时，自信心便得到了培养。正如毕业于戈登斯托恩公学的迈克尔·福克斯所说："学校总是督促你去做你认为不可能做到的事情。假如你害怕登高，他们就鼓励你爬山；如果你板球打得不好，就让你投球给击球员；倘若你在古典文学方面有天才，就让你学科学。在你本以为不可能办到而第一次获得成功的时候，你就为一生的自信打下了基础。"

四、学术培养

"二战"以后，科学技术迅猛发展，人们被科技力量征服，科学知识和科学教育显示出越来越重要的作用。在 20 世纪这样一个自然科学的时代，公学曾因顽固坚持以古典学科和宗教学科为主的课程设置而受到社会各界的抨击。与此同时，牛津和剑桥大学也开始淡化与公学的亲密关系，而更加注重生源的学术质量。在强大的政治压力和社会压力之下，公学不得不开始重视科学教育和学术能力的培养，提高自然科学在课程中的比例和分量。

公学对其课程进行了大幅度调整，学术氛围日益浓厚，对学生的学术要求亦随之提高，在入学程序上更加严格把关，再加上公学优越的办学条件和良好的教学环境，其学生在普通教育证书 O 级和 A 级水平考试中的合格率和升入"牛桥"等著名大学的比率仍然是一般公立学校可望而不可即的。公学到今天为止仍是英国最优秀的中等教育机构。公学培养精英的教育目标未变，其"贵族学校"的身份未变。唯一的变化是拓宽了培养目标的内涵，即从培养基督教绅士拓展为培养学者型绅士。这一培养目标是适合当代英国社会实际需要的，因而得到了英国民众的广泛赞誉。

【案例评析】

作为英国精英教育的摇篮，公学有着鲜明的教育理念和厚重的文化传统，其中最突出的一点就是"以培养学生的完整人格"为其立足和发展的根本。伊顿公学校长托尼·里特在北京参加中英校长论坛时曾经说："我们学校的学术水平在英国不是第一的，这一点，我很高兴，这表明他们不是一心钻研学术而忽略自己其他方面的发展，我们需要的是人格健全的人才，其次才是他们的学术能力。"

随着社会的发展和对人才要求的变化，人们对教育的要求也在不断变化，公学难能可贵的一点就是始终坚守他们的教育理念，始终把培养完整人格的学生放在首位。他们十分注重学生的个性全面发展，其毕业生不仅有健康的体魄、敏捷的思维和高贵儒雅的举止，而且具备吃苦耐劳、团结协作的精神和战胜困难的自信心，同时在学术方面又是英国中学生中的佼佼者，真正达到了身心两方面的健康发展。他们的课程设置也很好地体现了他们的教育理念。

古典课程的设置、丰富的体育课程、多种社团和俱乐部，包括学校的管理，到处都渗透着对学生能力的锻炼和完整人格的培养。反观我们国家的教育，虽然素质教育的口号喊了多年，"为了每一位学生的发展"的理念也开始逐渐深入人心，但是，现实是大部分的学校仍然把注意力放在学生的学业成绩上，把分数作为唯一的评判标准，学生面临巨大的考试升学压力，身心都受到极大的摧残和打击。中国的教育都是指向短期内的评价标准来展开的，并不顾及学生的长远发展、终身发展。

当前学校的课程建设热衷于开设各种各样的丰富多彩的课程，但是大多聚焦于学科课程的拓展、体育技能的掌握、艺术技能的训练、兴趣的培养等，相对来说，都比较忽视学生作为一个完整的人的人格培养。英国公学的课程设置，在培养完整的人这一点上，可以给我们以下几点启示：

第一，英国公学强调古典课程对学生品德的熏陶作用，而我国同样具有悠久的历史文化，不妨将我国的优秀传统文化引入课程，使学生受到古典文化的熏陶，提高学生的道德修养和历史文化素养，培养他们开阔的视野和宽泛的兴趣。

第二，英国公学强调通过隐性教育对学生施加影响。丰富多彩的校园文化和封闭式的寄宿生活使得学生在潜移默化中受到教育。台湾有一所学校的校长每个星期都坚持带着学生打扫学校的厕所，目的就是培养学生"能上能下"的弹性。学生这样感慨："我连这么脏乱的厕所都能坚持打扫，以后人生道路上遇到什么样的困境，我想我都有心理准备去应对。"公学把相当多的社团、俱乐部和其他活动交给学生管理，让学生为今后投身政治作好准备。寄宿生活也教会了学生学会忍耐、退让，学会与人相处。因此，我们的课程建设不能仅局限于显性课程的开发与实施，还要注重让学生通过各种活动的组织和事务的管理，潜移默化地培养他们的组织能力、实干精神、冒险精神、耐挫能力、群体精神和群体凝聚力，让他们在校园生活中感受到"小社会"，学会与人交往，学会做事与生活。

第三，进一步挖掘体育课程的价值。英国公学将体育课程的价值发挥到极致，令我们汗颜，我们学校到目前为止"阳光体育运动一小时"都很难得到保障，特别是到了高中，为了应付考试，我们每天把学生关在教室里做题，其结果是培养了一批手无缚鸡之力、体弱多病、高度近视的文弱书生。对体育课程的忽视不仅使得学生的体能大幅下降，也影响了学生阳光开朗、乐观向上、坚韧耐挫、勇敢果断性格的形成。体育课程不仅仅是为学生健康的身体打好底子，也能为学生积极向上、精力充沛、充满能量、敢于冒险打下坚实的精神底子。体育课程不仅不会影响学生的学业，反而会给学生提高学习效率，形成在学习中不怕苦、不怕困难的品质打下基础。因此，如何充分发挥体育课程对学生人格培养的功能，是我们的学校教育需要重点研究的课题。

第四，注重学生公共礼仪、社会公德、责任感的培养。北大教授钱理群说："我们的一些大学，包括北京大学，正在培养一些'精致的利己主义者'，他们高智商，世俗，老到，善于表演，懂得配合，更善于利用体制达到自己的目的。这种人一旦掌握权力，比一般的贪官污吏危害更大。"其实不仅是大学，我们的基础教育也是如此，学生从小就被培养成自私自利、只知道读书的考试机器，社会责任感淡泊。学生缺乏公德心，在公共场合的行为礼仪、言谈举止缺乏基本的修养。中国人向来缺乏公共精神，林语堂曾经很直白地说："中国是一个个人主义的民族，他们心系各自的家庭，而不知有社会。这种只顾效忠家族的心理实即为扩大的自私心理。"怎样培养中国人的公德心和公共精神？必须从基础教育抓起。我们可以通过各种社会实践、服务类课程的开设，从小为学生提供为社会服务的机会与平台，在学生的公共礼仪风度修养方面，也可以配以专门的训练。

第五，英国公学最值得我们学习的东西是坚持自己的传统。关于人的培养，其实我们缺少的不是认识，缺少的是坚持。学校领导出于上级行政的压力，会违背自己的教育理想，做自己都不认同的事。学校的老师出于校长的压力，也很难坚持自己的理念，做自己认为正确的事情。我们的教育，都是在一种"不得已"中妥协、扭曲的结果。英国公学历经几百年，虽然也受到各方责难，在课程上有所调整，但他们始终坚持自己认为正确的教育理念，这一点是很难能可贵的，我们的教育，我们的学校课程开发，缺少的正是一种基于正确教育信念的坚持。

美国费米高能物理实验室的课程开发 [①]

美国费米高能物理实验室拥有 500 多位来自世界各国的国际一流的科学家和工程师，他们分别从事从属于高能物理的多个科学领域的研究，已有多位科学家获得诺贝尔物理学奖。实验室的主要任务是：为一流的研究者开展高能物理及其相关领域的基础性前沿研究提供条件，开展各类高能物理、环境、生态等科研活动，以期探索物质与能量的基本自然规律。

费米实验室的科学设备、科研项目、科学家及其成果和所获奖项等方面都堪称世界一流，这样一个国际领先的高能物理实验室面向广大学生、教师和公众展示其教育性，成为当地公认的一流教育性机构。

一、免费开放实验室，鼓励公众了解和支持科学研究活动

费米实验室面向公众免费开放，每月组织国家级或国际级的舞蹈、戏剧、喜剧、古典音乐、爵士乐、乡村音乐表演，目的在于将科学与人类文明的发展、与生活融合起来。物理部在每年 10 月到来年 6 月的每周三举行报告会。报告会由来自世界不同地方的物理学家报告其各不相同的研究领域里有趣的发现及问题。费米社会部每月还提供国际性的科学纪录影片，每双月举办视觉艺术展，展览内容从高科技到传统艺术都有，包括油画、照片、雕塑等，这些展览都免费开放。

[①] 杨德军，张熙．美国社会资源的教育功能开发研究 [J]．比较教育研究，2005，26（4）：77-80.

二、成立专门教育机构，开发大量与学校教育及课程紧密结合的教育项目

费米实验室 1990 年成立了费米实验室教育办公室，专门负责实验室所有教育项目的管理和评估。概括地说，它将教师培训、科学实验、图书资料及技术教室等多方面的资源整合在一起，开展了定期的、阶段性的、特殊的、基于网络的高能物理、数学、计算机网络、草场生态等多类项目。

费米教育办公室下设黎德曼科学教育中心、教师资源中心、夸克教育中心、费米科学数据中心、费米三 IN（互联网、教学、课程整合）教育中心、科学探索中心、费米草场资源中心、在线教学材料等多个教育部门。每个部门均已设立了多个面向不同社会群体的培训项目。截至 1990 年，实验室就已经提供了超过 30 个不同类型的教育项目。例如：面向幼儿园至 5 年级教师的"友好的物理"，面向 6—8 年级教师的"粒子与草场生态研究"，面向 6—9 年级教师的"物理科学"等教师项目；面向研究生的"在费米作研究"项目、"发展计算科学研究"项目，面向本科学生的"与大学联合培养的学生"项目，面向高中学生的"与科学家面对面"项目，面向 6—9 年级学生的"美丽迷人的费米实验室"项目等。

为了使费米实验室的教育项目紧密结合学校课程，实验室定期和不定期地邀请中小学教师、学生及社会居民举行座谈会，及时了解教师及学生的需求，作为设立或调整项目的重要依据。学区学校也可通过他们在实验室教育建议委员会的成员提出他们在实验室研究人员支持、教师发展、指导和评估等方面的要求和建议，并共同参与教育项目设计。

【案例评析】

美国费米高能物理实验室的案例，包括前面的托马斯·杰弗逊科技高中为了支持学生的研究项目，想办法寻求相关科技公司、研究机构、大学的支持的做法，都展现了美国社会各机构与教育机构的密切互动和良好关系，拓展了我们的思路。美国的社区是向学校开放的，各种公共机构都承担着为教育服务的责任。作为尖端的科研机构，美国费米高能物理实验室还能够向中小学的教师和学生开设丰富的课程，既充分发挥了这些精英人才和场地设备

的作用，又为学校教师、学生提供了优质的课程资源。

与此类似，英国的博物馆、图书馆等公共文化设施在教育方面，也承担了重要的任务。在英国的博物馆里常常会看到老师带着学生置身其中，或参观，或临摹，或动手仿制文物。据统计，每年以班组为单位参观大英博物馆的幼儿园儿童和中小学生将近20万人次。针对不同观众群体，英国博物馆会提供不同的教育服务：博物馆配合学校的教学计划为教师提供有关教学资料和培训，组织学生集体参观并提供多形式的教育活动，如讲解、讲座、视频影像播放、动手触摸和制作展品等项目。在周末和节假日为对博物馆及其藏品有兴趣爱好的青少年提供学习机会。英国的公共图书馆无论规模大小，一定会设有儿童图书馆或者儿童阅览活动室，大一点的图书馆还会有青少年阅览室，供学龄儿童借阅或者完成作业。儿童活动区大多环境舒适活泼，设施齐全，有专为儿童量身打造的书架、桌椅等。当然儿童图书资源也非常丰富。不同阶段的儿童都能根据自己的年龄层次和阅读水平找到适合自己的书籍。

相比较而言，我们国家的机制还是比较僵化的，教育机构与社会各种文化机构、科研机构、公共服务机构之间各自为政，缺乏沟通和交流，缺少相关的协调机制。学校在课程开发方面缺乏资源、专业人才的支持，缺乏场地和设备，课程水平难以提高。另一方面，社会各种机构投入了大量的人力、物力、财力，其功能未能得到充分发挥。我国也兴建了很多博物馆、展览馆、图书馆、实验室，但是这些机构在教育方面发挥的作用还非常有限。

当然，也有一些地区和学校在社会资源的开发利用上，做了很多有益的探索，比如为了给高中的学生创设更多的社会实践场所，2015年，上海推出了首批93个高中学生社会实践基地，这些基地包含博物馆、科普馆、图书馆等各类场馆和街道学生社区实践指导站。为了给高中生提供实践岗位，各社区街道都挖空了心思。徐家汇学生社区实践指导站梳理出近200个岗位，供高中生选择，这些岗位是徐家汇爱心暑托班、社会学校兴趣班、街道敬老院、街道志愿者服务中心和29个居委指导点的志愿者。松江区永丰街道学生社区指导站为高中生提供了168个居民区邮递员岗位。一些社区实践指导站还推出了乒乓球陪练员、超市理货员、图书管理员等一批"基础型岗位"。再比如说，南京市北京东路小学依托周边的研究所和南京大学、东南大学等机构，成立了学校的娃娃科学院，聘请这些科研院所和高校的教授专家，带领学生开展各项研究活动，开发了丰富多彩的学校课程。

　　学校的课程开发，首先要学会盘活资源，充分利用周边的社会资源，有"开放的视野，就会有开放的空间"，以开放的心态办学，充分利用社区资源，才能不断提升课程品质。另一方面，学校教育的发展、课程的建设，还需要政府制定一些统筹措施，为学校和社区之间的互动、合作牵线搭桥。一些公共设施和机构在建立之前就要考虑到其为教育服务的功能并进行预先的规划设计。

绵阳东辰小学的家庭课程 ①

一、家庭课程的功能定位

主要功能是补充学校课程，增强学生的生存体验，走进生活、亲近社会，鼓励社会实践、丰富生存体验。打造绿色假日，屏蔽消极资源的侵蚀，学会打理自己的时间，做有意义的事。

二、家庭课程的五大项目

1. 家庭研究室

（1）主要形式：家庭植物实验室、家庭动物实验室、家庭理化实验室、家庭小发明工作室、家庭修理作坊、社会考察、文化专题研究。

（2）管理策略：

①嵌入式指导：家长导师，家校交流空间。

②展示推动：定期展示观察日记、实验报告、科创成果。

③科技博览会。

④星级家庭实验室评选。

（3）经典案例：

①生活中的发明与创新：方便两用勺、纸杯存放器、伸缩性粉笔盒、负压熏蒸器……

②小观察：雪花的结构、黄豆发芽、蚯蚓的解剖特点……

---

① 文宏斌. 全面提升家庭课程品质［OL］.2011-03-08［2016-09-02］.http://www.mydcis.net/article.asp?id=777.

③社会调查：小区环境综合治理、青年广场设施配置的建设、绵阳交通拥挤的改进。

④文化研究：追寻端午节、走进白马藏族、越王楼文化公园的起源……

2. 家庭阅览室

（1）用阅读改善生活：阅读塑雅、阅读求贵、阅读至圣。

（2）建设家庭书吧：丰富存书量、经常光顾书店、增加家庭文化含量。

（3）父母和孩子共同阅读：鉴书活动、讨论活动、读书报告会。

（4）阅读体系的建立：重文学性，轻知识性；学名篇，读经典。

①低段：童话、寓言、故事。

②中段：科幻小说、唐诗宋词、现代美文。

③高段：国学经典（四大名著）、世界名著。

3. 家庭语音室

（1）目的：孩子在语音室里无拘无束地大胆表达、大胆朗读，用录音机录下自己的读音，再聆听感受，不断矫正，反复训练，让孩子对英语不再羞涩，人人敢说、人人会说。

（2）形式：说＋读—录—听—矫正。

4. 数学研究活动

（1）每日一题：家庭智力竞赛、趣味数学题PK。

（2）数学实践：数学测量、问题解决。

（3）数学周记：数学故事、问题发现、数学思考。

5. 家庭"三小"活动

（1）小志愿者（快乐小义工）。

爱心小天使、环境小卫士、文明小督察是东辰孩子参与社区服务的主要项目。通过服务他人、服务社会，建立社会责任感和自我价值感，让孩子心灵变得富有，精神变得崇高，同时也让孩子变得能干与强大。

（2）做家庭小主人。

开展"今天我当家"活动，让孩子与家长交换角色，负责一天家庭活动的策划与安排，承担必要的家务劳动。孩子从一天忙碌的生活中体验与感受父母日常的辛苦付出，使孩子能孝敬长辈，更加尊重父母的劳动，培养孩子的自我管理能力。

（3）小旅游活动。

价值：行万里路，读万卷书；跨文化理解；用自然之美净化心灵；面对新环境的弹性处理技能。

策划活动：线路设计，经费预算，旅途管理。

信息收集：了解交通、历史、地理、文化等信息。

现场感受：观赏、摄影、考察、纪念品收集。

成果整理：一篇游记、一次解说、一个手工作品。

三、家庭课程的三大管理工具

（1）家庭作息时间表：闲适性与项目管理的有机结合。

（2）学习项目反思评价卡（见表8-3）。

表 8–3　学习项目反思评价卡

课程类别	学习与活动项目记录	自我评价	家长评价	班级验收
家庭实验室	研究项目： 主要成果：			
家庭阅览室	阅读内容： 主要收获：			
家庭语音室	（说）读内容： 口语水平：			
数学研究活动	解题积分： 研究项目： 主要收获：			
家庭"三小"活动	活动项目： 收获感言：			

（3）成果展示交流平台：大厅展示平台＋网络交流平台。

四、家庭课程设计管理模板

具体内容见表8-4。

表8-4 三年级快乐寒假学习之旅

班级：_____　　姓名_____

项　目	学习提示	要　求
家庭实验室	1. 科技小制作——变废为宝（利用生活中的废旧材料，创作1件具有"观赏性、实用性、科学性"的科技作品）。 2. 生活中创意无处不在，比如精美独特的包装盒、产品广告；巧妙改进生活中常用物品的缺点等。大胆发挥你们的想象，自己为生活中添加一项新创意，用文字加图画的形式描述下来。	1. 利用身边废旧的材料，做一件有欣赏、实用价值及富有创造性的科技小制作，报名时将作品交负责老师验收。 2. 用文字的形式描述自己生活中的一项小创意。
家庭阅览室	1. 每日阅读课外书1小时。 2. 推荐书目：《青鸟》《爱丽丝漫游奇境记》。 3. 完成4篇作文，记录精彩的寒假生活。	1. 将阅读情况记录在反思评价卡上。 2. 每周1篇，记录生活，完成在作文本上。
家庭语音室	1. 从本期英语试卷中列出自己容易犯错的题型，加上你认为最容易出现的考题、考点，按照老师出题的模式，自己制作一套英语试卷。 2. 复习福尼斯2A内容及Superkids3第一、二单元内容，坚持每天朗读或跟读10～15分钟。 3. 听磁带预习Superkids3第三至九单元内容。（所有复习与预习内容家长签字）	1. 试卷要求8开大小，美观实用。图片可自己画，也可复印。 2. 家长在反思评价卡上对各项作业完成情况进行文字评价并签名。
家庭数学研究活动	认真完成数学"每日一题"（共20题），开发思维，灵活头脑。	家长在反思评价卡上对孩子每日一题研究解答情况作总体评价。
寒假社会综合实践作业	详见《东辰家长报》2011年第1期第三版相关项目。	将综合实践作业成果于下期报名时交班导处，下学期第一次家长会将进行展评。

项 目	学习提示	要 求
温馨提示	1. 和父母一道设计假日家庭作息时间表,合理安排学习与玩耍的时间,保证寒假生活既快乐又有意义。(开学上交) 2. 坚持寒假"五个一":每天一小时读书、每天一次家务劳动、每天一次体育锻炼、发展一项特长、完成一项社会实践。 3. 在背面的学习项目反思评价卡中完成自我评价与家长评价。 4. 注意小朋友们的饮食健康、游玩与出行安全。 5. 寒假收假时间:2月20日学生报到,21日正式上课。	
交流平台 (家长心声)		

家庭课程的全面建设,丰富了学生学习的资源,拓展了学生学习的空间,使学生成为课程的主体,以自己的方式学习自己的课程,让理性的学习和非理性的生活结合,认知为主的学习与体验为主的生活结合,接受型的学习与有责任、探究式的生活结合,呈现出书斋式学习、生活体验式学习、实践生成性学习三位一体、相得益彰的大课程格局。

【案例评析】

家庭课程的设计视角很新,给人眼前一亮的感觉。虽然我们一直在倡导家校联合,形成合力,提高教育的实效,但是,实际上我们的"家校联合"很多时候还是浅层次的联合,没有上升到课程层次进行设计和实施。

当前我们教育中的很多问题,除了学校的原因之外,很多时候与家庭教育也紧密相关。家长缺乏正确的教育理念和有效的教育方法,不知道怎样为孩子创设良好的学习环境,也不知道怎样正确引导学生的健康发展。学生在家庭生活中,除了被家长督促着完成家庭作业之外,就是被家长带着到处去参加各种社会辅导班,家长对孩子的教育非常重视,但是往往比较盲目。而另一方面,学生的学习习惯、行为习惯、生活方式、品德言行、性格陶冶、社会责任感的形成,家庭教育的影响又至关重要,不可取代。

绵阳东辰小学的家庭课程设计了家庭实验室、家庭阅读室、家庭语音室、数学研究活动、家庭"三小活动"五个项目，内容丰富，要求明确，管理落实到位，体现了对学生实践能力、语言表达能力、探究能力、阅读习惯、社区服务意识与能力等方面的培养，引导学生走进生活、亲近社会，鼓励社会实践、丰富生存体验，也为家长指明了家庭教育的正确方向。

家庭课程的设计开拓了我们的思路，学校的课程开发不仅仅局限在学校里面，还可以突破时空的限制，有针对性地根据学生发展的规律、特点，通过课程设计，真正实现家校合作，促进学生在家庭教育中得到更好的引导，实现全面健康地发展。在这种课程的设计、实施中，家长与学生亲密互动，家长与学校联系密切，真正体现了学校课程建设中的多元主体参与。

南京五老村小学的电影课程 [1]

南京的五老村小学，把看电影纳入学校重要课程，每周一节电影课，这一传统整整坚持了 17 年。"看世界电影，放眼全球。"用优秀电影引领学生成为"胸怀世界的中国人"是学校的办学目标。

五老村小学的电影教学经历了三个阶段。第一阶段只是组织学生集体观片。学校计划让学生在小学六年的时间里看完由专家挑选的多个国家、36 个系列的 500 部优秀影片，争取做到一周一部。第二阶段是系列观影。系列观影围绕一个主题展开，组织学生看与一个主题相关的一系列电影。教师们还将具体影片与自己所教授的学科融合起来。学生上什么课，老师就从学校的音像库里找来与之对应的影片，将电影作为教学辅助工具，帮助学生加深对于课程的理解，学校各学科的教师编写了《学科教学运用影视资源集》和教学课件库。第三个阶段，电影成为了学校的系统课程。学校将多年来积累的电影素材进行系统整理，形成了 1—3 年级和 4—6 年级学生的电影课程。

学校举办了多次"电影节"，通过丰富多彩的活动，培养学生的综合能力。以下是五老村小学第五届电影节活动方案 [2]：

活动之一：电影节会标设计大赛

为五小第五届电影节设计会标，标志的设计生动新颖，体现五小电影节

---

① 张遗民 . 让优秀电影丰富学校德育［OL］.2014-12-17［2016-09-02］.http://www.wlcxx.com/article/view.aspx?id=34321.

② 胡行洁 . 五老村小学第五届电影节活动分项方案［OL］.2014-01-22［2016-09-02］. http://wenku.baidu.com/link?url=_uhOSZgLZEj9vGU5eI1pTWhEA-Sq6u0_B3OM1AVU77wEjbd0nIwnAJI4dz2sQ_PTVaI5opctAzRCU2LhHvZIKv1csUd4ckunTQMNJX1j4IS.

的特点，也要符合小学生的心理年龄特点。要求用不小于A4的纸绘画，也可以用电脑绘画设计等方式创作。

活动之二：吉祥物设计大赛

为五小第五届电影节设计吉祥物，形象生动，造型活泼，色彩协调，体现五小电影节的特征。要求用不小于A4的纸绘画，也可以用电脑绘画设计等方式创作。

活动之三：最佳金嘴奖大赛

大赛分两项内容，学生可以根据自己的特点选择其中的一项或两项来完成。

1. 请你为本次电影节活动设计一句话的广告词。

2. 推荐你最喜欢的电影，并为它撰写广告词。

活动要求：新颖独到，与众不同；简短明了，好读易记；言简意赅，特点鲜明。

活动之四：电影节海报设计、电影人物绘画大赛

1. 电影海报设计大赛：给自己喜爱的一部电影设计宣传海报，也可以为我们的电影节设计宣传海报。

2. 电影人物绘画大赛：画自己喜欢的电影人物，或电影中的一个画面。

要求用不小于A4的纸绘画，画面、颜色要饱满。除了绘画，也可以用剪贴、版画等方式创作。

活动之五：电影歌曲演唱大赛（集体、个人）

活动对象：全校班级。

个人赛：各班推选一至二名选手参加比赛。

团体赛：以班级为单位参赛，强调人人参与。

活动之六：电影道具设计大赛

1. 电影道具设计大赛：给自己喜爱的一部电影设计道具，也可以为我们的电影节设计道具。

2. 电影道具模型制作大赛：制作电影中你喜欢的道具模型，如飞机、船、武器、怪物等。

作品要求：必须是自己亲手制作，非市场上可以买的成品玩具或模型。道具可以用不同的材料制作。式样精美、结实、可自由着色。提交自己所设计的道具需要配合文字说明。（用A4纸打印）

活动之七：童话剧大赛

活动对象：与假日小队结合，寒假里至少完成剧本（开学交）。

作品要求：文字类（用优美的笔触描述故事）；漫画类（手画，电脑绘画均可，电脑绘画的要打印成稿）。

剧本内容：

1. 续写（对于电影的结尾感觉不满意、不过瘾或不够尽兴，可以续写电影）。

2. 改写（对于电影的结尾或情节有自己的看法，可以根据自己的想法改写电影）。

3. 编一集（根据某一动画、动漫、电视剧等自己编写一集，题材不限）。

4. 动漫画（用灵巧的双手绘出一集或一本动漫画，题材不限）。

（童话剧具体要求开学后再发布。）

活动之八：电影观后感大赛

1. 本次电影观后感可分几大系列：红色教育电影系列、与学科相关电影系列（参赛稿件要注明与哪个学科相关）、科普电影系列、体育类电影系列、其他电影系列。

2. 学生可根据自己观看的影片写观后感，稿件必须是 A4 打印稿或稿纸手抄，并在稿件右上角注明属于哪个系列。

活动之九：电影配音大赛

1. 各参赛队随意挑选自己想配音的电影（3～5分钟），我们也会有一些影片的推荐。选取对话丰富的片段来进行中文／英语配音。

2. 配音可以在符合电影画面内容的前提下，鼓励参赛者大胆创新。

【案例评析】

五老村小学的电影课程给我留下这样几点印象：

一是视角很新。电影是非常有价值的课程资源，很多优秀的电影中蕴含着人生的哲理、生活的智慧、丰富的知识，再加上其形式活泼，生动有趣，是学生喜闻乐见的非常好的教育素材。将电影引入课程，既丰富了教育的资源，又有利于学生的发展。

二是五老村小学的电影课程不是简单的影片资料和信息的堆积，不是一副枯燥乏味的嘴脸呈现，也不是以说教的形式来呈现，里面有课程化的设计，有很多与儿童互动的空间，通过与儿童对话的方式，引领学生走进电影，与电影展开对话与互动。

三是活动化的设计。围绕每一部影片，学校都进行了系列的活动设计，说一说、画一画、做一做、辩一辩等生动活泼的形式，让学生展现自己对电影的理解和感受，这样的学习方式符合学生年龄特点，与传统的教学方式不同，有利于学生综合能力的提升。特别是电影节上丰富多彩的活动设计，充分挖掘了电影的教育价值，培养了学生多方面的能力，为学生搭建了多样化的展示平台。

四是序列化的架构。针对不同年龄学生的特点，学校建构了具有序列化的课程体系，不同年级的学生欣赏适合自己年龄特点的电影。针对不同年级学生，学校还设计了相应的课程目标和课程评价方式。

五是时间和实践的积淀。五老村小学的电影课程做了几十年，才初成体系。在时间的沉淀中，在师生们多年实践积累的基础上，电影课程变得越来越"规范"，越来越"丰满"，并具有了一定的品质。从这一门课程的成长我们可以看到，真正要打造一门具有一定品质的课程，是需要一个比较艰辛而缓慢的过程的。

第九章

课程开发的误区、问题
与发展走势

社会文化从『一元』走
向『多元』是校本课程开发背
后深刻的文化动因，轰轰烈
烈的学校课程实践，又将『反
推』社会文化的发展与变迁。

对课程开发的误解

在学校的课程开发中，很多人存在着对课程开发的误解和错误认识，主要体现在以下几个方面：

一、校本课程就是一所学校闭门造车、单打独斗

当前，中小学校在校本课程开发方面虽然积极性较高，但是课程开发的质量良莠不齐，这与学校的课程建设几乎都是单兵作战、闭关自守有关，因为很多人认为校本课程开发只能是每所学校独立开发。

2006年，我曾对江苏省近800所高中的校本课程开发情况进行了问卷调查，结果发现，学校开发的校本课程门类趋同，重复开发的现象非常严重。普通高中开发的校本课程主要集中在八大类：（1）文学阅读与欣赏；（2）数学思维方法；（3）心理健康教育；（4）英语口语；（5）新闻采访；（6）艺体，包括音乐、美术、体育运动；（7）计算机信息技术，包括网页制作、程序设计、flash 动画设计等；（8）经济学、电子商务等。

2013年，我们组织了全省中小学优秀校本课程评选，通过对参评的500多门校本课程内容的统计分析，我们发现学校的校本课程内容主要集中在艺术体育、学科拓展、地方文化、综合实践、自我成长、科技、德育、心理健康八大类。每个学段的课程开发类型会各有侧重，总的来说，学校开发的课程门类大同小异。

表9-1 江苏省中小学校本课程开发门类分布（2013年）

小 学		初 中		高 中	
艺术、体育	27	地方文化	27	学科拓展	29
学科拓展	21	学科拓展	25	地方文化	25
地方文化	16	文化艺体	17	艺 体	15
综合实践	10	综合实践	13	心 理	14
科 技	10	心 理	8	德 育	6
自我成长	9	科 技	5	综合实践	4
德 育	6	德 育	5	科 技	4
				自我成长	3

从表中可以看出，小学校本课程门类最多的是艺术、体育类，初中门类最多的是地方文化类课程，高中最关注学科拓展类课程的开发。学校仅凭自己的力量，想要打造让每一位学生都满意的课程，是一件几乎不可能的事情，学校课程建设的深化需要更加灵活多样的机制。

二、校本课程门类越多越好

校本课程的门类是越多越好吗？有些学校号称开发出了几百门课程，还有很多学校在课程开发中提出了"课程超市"的构想，就目前学校的课程开发现状来讲，这也是不太现实的。当前，校本课程在学校总体课程结构中只占到了13%左右的比例，因此，校本课程的空间还是非常有限的，如何充分利用这有限的空间？

首先，校本课程开发要针对学校课程体系和学生素养结构中的突出问题。当前学校课程体系的突出问题是课程的丰富性、选择性、探究性、活动性比较欠缺，学生缺少选择的自主权，实践创新能力、探究能力比较弱。所以，学校校本课程的开发要在"突出的问题"上用力。

其次，校本课程的开发要量力而为。学校如果能有种类繁多、质量上乘的选修课程，每一个学生都能根据自己的兴趣需求选择到自己喜欢的课程当然是比较理想的课程状态。但现实是，课程空间有限，学校教师的课程能力也是学校课程开发的瓶颈。因此，我们还是要根据学校原有的优势和特色，教师的能力特点，"看菜吃饭"，尽量开发质量比较高的课程。

所以，在校本课程开发中，既要避免课程开发中"深而窄"，一门课程打天下，要求所有的学生都要学习某一门校本课程，也要防止"广而浅"的课程臃肿症，在保证课程质量的前提下，逐步增加课程的数量。

三、校本课程开发必须编写教材或者不能编教材

有些中小学管理者和教师认为，校本课程开发必须编写教材，某些教育行政部门领导到基层学校检查工作时，说起校本课程，首先要学校出示相关教材。还有一些研究者认为校本课程开发就不能编写教材。实际上，这两种观点都有失偏颇。校本课程开发不等于编写教材，但是必须制订完整的课程方案，包括需求分析、课程目标、课程内容、课程实施与课程评价等内容。每门校本课程还要形成课程资源包，支撑教师校本课程的教学需要。当学校的某一门校本课程在开发和实施中渐趋成熟稳定，而且通过课程评价被认为在一段比较长的时间内，具有一定实施、保存和推广价值的时候，编写校本教材是可以的，而且校本教材的编写也有利于学校与学校、地区与地区间课程开发成果的交流与共享。

四、校本课程一定要体现"特色"与"原创"

不少人认为，校本课程开发是一个"原创"的过程，校本课程开发必须彰显自己跟其他学校的不同特点。其实，并非如此。校本课程开发既可以包括学校自己开发原创性的课程内容，也可以学习借鉴其他学校已有的课程，进行选择、改编、重组。

国内外的成功案例表明，绝大多数学校采用选择已有的课程或改编已有的课程的手段，极少开发全新的课程。选择并适当改变已有的较为成熟的课程，有利于缩短课程开发周期，而且，很多课程开发都需要依托相应领域的专业人士的支持，现成的课程中有很多是相关领域内权威专家编写，质量相对来说都还比较高。

学校切不可因为认识上的误区或出于"好大喜功"的心态，为了原创而原创，为了"特色"而"特色"，要学会"拿来主义"，要善于站在"巨人的肩膀"上，学习、借鉴和利用丰富优质的社会资源，这对于学校在短期内提高课程开发、实施水平，具有重要的意义。

五、校本课程就是地方文化类课程

还有一些人片面地认为，校本课程开发就是地方文化类课程的开发，曾经有一次遇到一所学校的老师反映，当地的区县教研员提出，只有地方文化类的课程才算是校本课程，其他学科拓展类的课程都不算在校本课程里面。这显然是认识上的误区。与校本课程相对应的课程概念是地方课程、国家课程，校本课程的定义主要是从课程开发主体方面来界定的，只要是学校作为主体开发的课程都可以称为校本课程。从其他维度来看，校本课程既可以是学科课程，也可以是活动课程，既可以是分科课程，也可以是综合课程，既可以是选修课程，也可以是必修课程。因此，校本课程的内容和形式可以说是非常广泛的，绝不仅限于地方文化类课程的开发。只是在实践中，由于地方文化类校本课程的开发更能体现学校、区域的特色，所以学校开发此类的课程比例比较高。

课程实践中的突出问题

一、盲目跟风、功利主义

学校校本课程的开发是新课程改革赋予的课程权利，但学校课程开发的热潮，却是近几年来才刚刚兴起的。虽然有很多学校开始关注到学校的课程开发，但其中盲目跟风的，基于功利化追求的课程开发动机是非常普遍的。为了标榜学校的特色，为了彰显地区或学校领导的政绩，把课程开发作为一个"工具"或"筹码"的情况非常多见。很多中小学校为了迎合上级教育行政部门的检查，为了开发而开发。有些学校甚至对课程开发与评价的基本知识一知半解，就开始出版了一本又一本的校本教材。这些所谓的课程本身的质量和实施效果是非常令人担忧的。

二、只有部分学校"精英"参与

当前很多学校在课程开发中，基本上只有学校部分的"精英"群体参与，有的学校的校长过于强势，全凭个人意志决断课程开发的方向、内容与形式。有的校长除了"一声令下"之外，基本上是置身事外，没有深度参与。校本课程不是"闲置"的教学计划，不是成堆的教材，也不是一成不变的讲义，只有存在于学校内部的人的主体实践中，校本课程才有意义。现实中满足于编制出一套套的"校本教材"即告成功的现象恰恰是忽略了人。

三、无根式叠加

大多学校和教师在校本课程开发的方法方面，仍然停留在经验层面，缺乏自觉的探索。一些学校的校长，之所以决定在学校里开设校本课程，理由在于，他们在考察学习其他学校的做法中，发现某些课程很有意思，就简单地"拿来"，这边拿一点，那边拿一点，今天拿一点，明天拿一点，这些课程被简单地叠加在一起，显得不伦不类。

学校课程建设不是简单"堆积木"的过程，每一门课程的开发都应该基于学校的办学哲学和教育思考。每一所学校其实都有着自己对于教育的思考和信念，课程的建设应该紧紧围绕着学校的教育目标的实现和学生的需求来进行。

四、碎片化无序

有一些学校，在长期办学过程中，形成了很多特色化的活动，但这些活动都没有利用课程的理念和要求进行设计、规划和系统化，基本上处于一种碎片化的状态。再加上在新课程建设中，学校的管理部门和制度对应的还是传统的教学管理，没有专门负责开发、实施、管理、评价校本课程的部门和人员，这就导致了课程在实施过程中的无序化。

五、成人式独白

不管是在课程目标的设计、课程门类的设置、课程内容的开发与实施，还是在课程的评价过程中，学校大多表现出了同样的问题，那就是"成人式独白"。整个课程的设计实施，最后都变成了成人的游戏。"成人式独白"不仅表现出了学校教育者缺乏与学生基本的沟通、交流，缺失了解学生的技术和手段，更表现出了他们根深蒂固的一种教育观念和教育习惯，在课程开发过程中，都是从成人的、自我的角度出发，而不是站到学生的角度来思考问题。

六、换汤不换药

上海有一所学校开发出了几十门课程供学生选择，但是在做课程满意度评价的时候，发现最受学生欢迎的课程的满意度也不超过 5%，这让学校很受打击，费尽心血打造的课程为什么学生并不买账呢？在访谈中，学生表示，这些校本课程的教学跟平时的课堂教学没有什么两样，依然主要是一种知识的灌输。当前学校都热心于吹嘘叫卖"五花八门、琳琅满目"的课程商品，却不知道这些表面光鲜、包装华丽的课程背后，仍然是涛声依旧、死水一潭的传统课程教学。没有教学的真正变革，课程的开发都是"换汤不换药"罢了。

七、文本式僵化

校本课程的开发应该像一条潺潺流动的小溪，始终处于一种"为有源头活水来"的灵动状态，但是很多学校都把校本课程当成了僵化的文本开发，一旦文本形成，课程的开发和实施基本就结束了。很多学校开发出一门校本课程以后，便束之高阁，几年、几十年都没有任何变化。这主要源于学校热衷于课程开发，却不实实在在地去实施，更不重视对课程的评价和完善。在调研中发现，几乎所有学校在进行课程规划和设计的时候，都会写到"课程评价"这一部分的内容，但在写这一部门内容时，大多是寥寥几笔，匆匆带过。其中，由谁来评价，用什么技术手段来进行评价，从哪些方面进行评价，评价结束后怎么调整优化，基本都没有作明确的表述。据南京市的一项调查表明，仍有 8.57% 的学校表示对校本课程实施情况从不评价。虽然有 91.43% 的学校表示对校本课程进行评价，但其中有完善标准的仅占 15.47%，有粗略标准的占 45.88%，没有标准的占 30.08 %。[①]

---

① 李亚平. 南京市学校校本课程建设现状调查报告［J］. 上海教育科研，2015（1）：68-70.

八、课程开发手段、模式落后

大多数学校的课程建设还处于比较落后的手工作坊式开发模式，往往几个人成立一个小团队，东拼西凑地就生产出了"学校的校本课程"。其实在网络化的社会发展背景下，优质的课程资源非常多。随着以国际互联网为代表的当代信息技术的发展，网络时代的学与教成为全球关注的热门话题。信息化的社会环境与对学生学习规律的研究成果相结合，正在创造出各种高水平、高效益的崭新的学习图景，如翻转课堂、MOOC（慕课）、网易公开课、可汗学院等网络课程与教学形式颠覆了传统的教学模式。网络学习资源的无限丰富性，正在冲击传统、封闭、相对滞后的学校课程体系。这些丰富的网络资源都可以成为学校课程开发与建设中的重要素材。

学校课程开发的阶段特点

一、自主发展意识的唤醒与广泛探索和实践

三级课程管理制度的实施，激发了体制的活力，促进学校主动面向社会需求和不断变革的社会环境，形成一种主动发展的内部冲动。广大中小学校自主发展、主动发展的意识逐渐被唤醒了。目前，中小学的课程开发处于一种广泛的实践探索阶段，在这一阶段，学校的课程建设存在着很多的盲目性，其中校长、教师的专业化水平是学校课程建设的重要瓶颈。

在新课程的推进过程中，校长被赋予了课程领导的角色，但实际的情况是，很多校长对"什么是课程"这样一些基本问题都缺乏了解，他们心中根本没有课程观念。校长和副校长的直接课程领导程度是相对较低的，学科组长、教导主任、教师承担了更多的直接课程领导和管理责任。

随着新课程的推进，教师的课程意识逐步树立了起来，但他们的课程开发意识尤其是课程开发能力还是比较欠缺的。南京市教科所的一项调查中，在回答"您认为校本课程建设的最大困难是什么"时，713所学校中，有54%的学校选择"教师能力欠缺"，有20.61%的学校选择"课时难以保障"，有9.54%的学校选择"学校管理层不够重视"，有15.85%的学校选择"其他"。多数学校认为教师能力欠缺和课时难以保障是校本课程建设的最大困难，希望在校本课程建设中能够得到"专业培训"。①

有学者对川、渝、云、贵中小学教师的调查也表明，在实际的校本课程

---

① 姚慧，朱小琥.南京市105所学校校本课程开发与实施现状的调研报告［J］.江苏教育研究，2008（6）：38-42.

开发活动中，已经赋予了教师课程决策的权力，但由于教师的课程开发能力不足，一定程度上影响了校本课程开发的质量。[①] 因此，教师当下要做的，除了学习系统的课程理论知识外，更重要的是要掌握课程开发的知识和技术，并结合自身的课程开发活动，在实践中不断增强课程开发的能力。

校长、教师的专业水平不可能在短期内得到急速的提升，为此，在这一阶段，学校的课程开发问题百出，比较混乱，开发出来的课程总体来说，水平都不是很高。但是，这一阶段的课程开发与实践，对老师来讲是非常重要的，实践中的困难、问题都将成为他们宝贵的经验，为他们今后的发展打下坚实的基础。

二、理性反思，多元主体和灵活多样机制的引入

在第一阶段的实践基础上，中小学的课程开发将逐步走入理性反思和自我学习的阶段。正是在实践中的困惑，激发了学校学习课程理论的激情。正因为实践中的问题，中小学校开始意识到，单打独斗是不行的，闭门造车是不行的，他们开始主动寻求课程专家的帮助。各级教育行政部门也开始关注到"课程建设"这个热点的问题，他们也开始着力围绕课程建设，为中小学校提供更多的专业培训、研究项目、经验交流，通过人、物、财等各种手段来扶持学校的课程建设。在走过无序、混乱的初级阶段，我国中小学的课程建设必将慢慢走向自我反思与调整的发展阶段。

在课程开发的平台上，学校的校本课程开发与实施将从原来的封闭、独立逐步向开放、交流、共享发展，学校和学校之间，区域和区域之间将建立常态化的课程共享平台，在共享交流中，校本课程将自然地实现"优胜劣汰"，课程的品质将得到不断的提升。

在课程开发的机制上，校本课程将由僵化逐渐变得开放灵活，学校与大学的合作、学校与出版行业的合作、学校与社会教育机构的合作将变成常态。比如上海中学与16所高校科研院所合作，2008—2013年间，学校邀请200多名校外专家学者来校授课，仅以科技班第一学期专门课程为例，校

---

① 范蔚，郭寿良.川、渝、云、贵中小学校本课程开发现状的调查报告［J］.西南大学学报：社会科学版，2008，34（1）：54-59.

外专家授课实录就累计达 400 多课时。再比如苏州立达中学，充分挖掘家长资源，成立了父母讲师团，聘请父母教师为学校举办各类讲座和社会实践活动，有效整合了广博的社会资源，拉近了学生与父母、学生家长与学校之间的距离，使一届又一届的立达学子走进了多彩的校内校外世界，接触到了社会生活的方方面面，增强了社会责任感，为学生发展创造了更为广阔的空间。

三、专业化发展阶段，"质量""公平""共享"将成为核心话题

调查数据显示，很多学校已将校本课程排入学校课程表，但其中只有 9.16% 的学校表示"执行很好"，52.6% 的学校表示"执行较好"，另有 23.87% 的学校表示"执行不好"。[①] 可见，校本课程的落实是很大的问题，怎样把学校开发的校本课程落到实处，提升课程本身的"质量"将成为课程专业化发展阶段的重要任务。

此外，校本课程封闭化的开发模式使得学校之间重复开发，互不交流，进一步拉大了城乡、区域、学校之间教育的差距，这种封闭化机制阻碍了校际交流与区域均衡发展。再加上教育行政部门在校本课程的开发和管理方面缺乏指导和宏观调控，使得区域内学校的课程开发呈现出各自为政、重复开发、资源严重浪费的局面。为此，怎样促进"公平""共享"也成为了大家的共同需求。有的地区已经开始尝试探索：将根据区域位置和特点，形成"共同发展学区"，以学区为单位，进行课程的共建、共享。比如浙江成立了"共同发展学区"，为了突出隐性课程资源的校际互通，各校的特色课程也由"学校课程"变为"学区课程"，真正做到文化共享、业绩同享、联动发展。

再比如上海洪山中学、浦东新区上南实验小学、浦东新区德州一村小学、民办常青中学、民办东方阶梯双语学校、浦东新区德州二村小学、历城中学结成学区联盟，资源共享，协同办学。最先让学生受益的，是特色课程，教师在学区内"走校"开课。2015 年 9 月新学期开始，德州二村小学

---

① 李亚平．南京市学校校本课程建设现状调查报告［J］．上海教育科研，2105（1）：68-71.

的面塑课程和将棋拓展课程，"走"进了上南实验小学的城市少年宫；而上南实验小学的机器人课程和跆拳道课程，则成为了德州二村小学每周一下午的拓展课。学区内还有不少学校的特色课程已经成熟，这些特色课程在今后也将逐步尝试"走校"。经过这种"走校制"，一所学校的特色课程、特色项目可以成为整个学区的特色课程、特色项目，优质教育资源共享，有助于教育均衡发展。①

---

① 张智丽.学区化办学会给我们带来什么［N］.新闻晨报，2015-12-29.

课程开发的文化走向

课程与文化有着天然的血肉关系。校本课程开发，本身就是一种文化开发，它通过具有不同文化背景的人的广泛参与，对社会多元文化进行整合，并以学校课程资源为依托，开发出独特的校本课程。①

一、社会发展从一元文化走向多元文化是校本课程开发的深层动因

校本课程的开发，表面上是课程决策者对课程权力的下放，其背后却是人类文化的不断繁荣与进步对课程改革的推动。中国社会转型与国际全球化进程的加快，带来了一系列新的文化矛盾，主要表现为传统文化与现代文化之间的矛盾、主流文化与非主流文化之间的矛盾、一元文化与多元文化之间的矛盾。多元文化时代，不同阶层、利益群体有不同的文化需要和价值追求，单一集权型的国家课程显然已不能适应教育发展的需要，开发适合学生不同文化需求的校本课程已成当务之急，这也正是多元文化时代呼唤地方及学校特色的多元课程和多样化、个性的教学方式的需要。② 校本课程开发是文化冲突和调适的结果，是社会文化从一元走向多元的结果。

传统社会的文化一元特征，使得人们的文化视野狭窄，思想封闭保守，对复杂多样的文化怀有抗拒的态度。现代社会提倡多元文化，人们的文化观、价值观逐步由封闭和保守走向开放和包容。文化样态上呈现出传统文化与现代文化，本土文化与外域文化，高雅文化与通俗文化等并存的多元文化

---

① 董守生. 校本课程开发的文化思考［J］. 当代教育科学，2004（1）：27-28.
② 同上。

现象。多元文化现象的存在，也体现了不同利益群体的博弈。随着校本课程的开发，原本不被我们关注的传统文化、地方文化、边缘文化都开始进入我们的视野，这些原本被压抑和排斥的文化，都通过学校课程开发和实施的方式开始得到关注、研究、传承、发展和弘扬，社会文化也由此变得越来越丰富、越来越多样和活跃。

二、亚文化进入学校课程体系，每一个人都有权利"发声"

传统意义上的课程是传递主流文化的工具，课程表面上是再生产了主流文化，但实际上，也同时再生产了文化背后的权利关系。阿普尔指出：课程反映和代表了某一方面的意识形态和文化资源，而不能代表所有人的观点，也不能反映所有群体的价值，这就导致了课程在事实上再生产了社会的等级关系。[①] 后现代主义认为，课程就是让边缘人群、被压迫者、少数种族表达自己声音的工具。[②]

在传统的课程体系下，影响学生考试升学的课程处于强势地位，与学生考试无关的课程处于弱势地位，与此相关，学校不同学科的老师实际上处于不同的地位，享有不同的权利。同样，在考试升学上占有优势的学校也处于优势地位，享有更多的权利，占有更多的资源。在学习成绩上占有优势的学生在学校中、社会中也享有更高的地位，并能获得更多的学习资源，争取更多的优质社会资源。

校本课程是再生产亚文化的工具，校本课程的开发与实施是对亚文化的一种声张，它是使亚文化获得与主流文化平等地位的一种尝试和努力。校本课程开发实际上是一个"重新洗牌"的过程，传统课程体系中处于弱势的学校有可能通过校本资源的挖掘利用，校本课程的开发，在学校与学校的竞争中脱颖而出。在学校中，那些不被领导、家长、学生重视的所谓"副科"老师，也有可能通过校本课程的开发"咸鱼翻身"，发出自己的声音，展现自己的才能，获得更多的自我发展平台与资源。那些在考试科目上总是成绩不

---

① ［美］阿普尔.意识形态与课程［M］.黄忠敬，译.上海：华东师范大学出版社，2001：54.
② 陈晓端，郝文武.西方教育哲学流派——课程与教学思想［M］.北京：中国轻工业出版社，2008：261.

理想的学生，也有可能通过校本课程的开发和实施，找到自己的兴趣和自信，发现自己的潜能，获得更多积极的发展机遇。

校本课程虽然仅仅是对亚文化中微小的一部分的认可，但这微小部分的认可又何尝不会成为将来的燎原之火呢？它有可能在未来影响教育体系的整体布局，每一个人都有权利发出自己的声音，校本课程的开发将推动学校与学校之间、教师与教师之间、学生与学生之间的权利关系从"金字塔"逐步走向"扁平化"。

三、对上负责的"谄媚文化"与主动发展的"自觉文化"的冲突

传统社会中的课程文化是一种等级制的、一层一层往下传递现有社会的知识、价值观与文化进而维护现有社会秩序的课程文化。这种课程文化在课程管理中表现为：人与人之间的层层监控，受监督和受监控的人对其上级负责，完成上级所制定的任务目标，同时监控和监督下一层次的人。

目前的态势下，对上负责的"谄媚文化"依然盛行，教育领域的种种弊病都是由此滋生的。校本课程开发表面上看似乎如火如荼，但是教育领域的整体制度格局还没有发生实质性的变化。学校的各项考评机制、教师的职称评定、学生的升学考试制度，包括各级教育行政部门的运作机制，仍然是一种从上往下的"集权制管理"，在这样的制度中，没有哪一个机构、哪一个群体真正对"学生的发展"负责，各个群体都是按照上级制定的各种规章制度、评比标准、命令指示而行动。

英国教育学者 B·霍尔姆斯和 M·麦克莱恩曾通过多国课程变革的比较，指出本民族文化对于课程变革具有核心影响，导致不同国家之间的课程移植往往并不成功。[①] 对上负责的"谄媚文化"也体现了我们民族文化中的"官本位"特征。因此，校本课程开发的实践中充满了不协调的"文化冲突"。有一部分学校的课程开发的确是来自自主发展意识的苏醒和自身的热情，但也不乏很大一部分学校是出于急功近利的炒作、盲目跟从、被动执行上级的指示。制度改革的相对滞后使得目前校本课程的推进方式仍然是一种

---

① 张华，刘宇.试论课程变革的文化问题［J］.教育发展研究，2007（1A）：17-21.

行政管理的、控制型的推动，评价制度的滞后发展仍然使得学校的课程行为大多是"对上负责""对学校发展负责"，相对缺少对学生、教师本身的尊重和激励。

我们经常看到，学校为了应付上级的评比和检查，粗制滥造印刷了若干校本教材，作为学校的"门面"和摆设，一旦检查和评比结束，这些校本教材就被束之高阁。我们也经常看到，学校都在极力构建具有特色的校本课程体系，这些体系看上去令人眼花缭乱，学校提出的与课程有关的理念、口号激动人心、吸人眼球，但真正走进课堂，才发现学校吹嘘的所谓校本课程根本就没有能够落到实处。

校本课程的开发和实施倡导的是一种主动发展、自主发展的"自觉文化""自律文化"，开设校本课程的根本目的是为了给予学校、教师和学生更多的自主权，是出于对教育规律的尊重和对教育良知的坚守。校本课程开发体现了此次课程改革的本质，那就是追求民主，促进每一位学生的发展。很显然，校本课程倡导的文化与传统课程体系的控制文化是格格不入的。在这样的冲突中，我们可以看到校本课程的开发也往往被扭曲成学校追求功利目的的工具和砝码。再加上校本课程本身在国家基础教育课程设置中所占的课时比例就非常有限，因此，要想改变教育领域中由来已久的对上负责的"谄媚文化"、浮躁功利的利己文化也绝非一日之功。

四、从学科隔阂的"封闭"文化走向兼收并蓄的"杂学"文化

教师群体，尤其是中小学教师，总体上是封闭的，固守的。因为教师本身是在控制型的课程文化中成长出来的，视野比较狭窄，知识相对贫乏。学校的各门课程被相互割裂，教师之间也形成一种各自为政的"封闭"文化。长此以往，教师的知识结构越来越陈旧，与社会的脱节就越来越明显。

校本课程开发倡导了一种学习的、开放的、回归生活的文化。生活本来就是博大精深、兼收并蓄的，校本课程的开发在某种程度上还原了生活本来应有的丰富和精彩。在课程开发过程中，博杂也许比精深来得更加重要。叫得出校园中各种花草树木的名称，了解它们的习性；喜欢各种各样的昆虫，并对其有所研究；会分辨青蛙卵与蛤蟆卵的区别，知道巨蟒是怎么消化食物的；空闲时经常扛个单反调调光圈，按按快门，对摄影颇有心得；生活中心

灵手巧，会编织毛衣、烹饪美食、DIY各种小玩意……这样一些看似"旁门左道"的"杂学"，在校本课程开发中，成为了宝贵的课程资源。

基础教育应该给学生打下坚实、广博的底子，因此，小学、中学远远可以比我们想象得更宽阔。要引导学生从狭隘的学科走出来，教师首先要从"学科"堡垒中走出来，丰富自己的专业知识，开阔自己的视野，丰富自己的经验。教师的成长就是学校课程成长的过程，教师的丰厚也就是学校课程得以丰厚的过程，有教师本身水平的提升才有课程品质的提升。

课程文化一旦形成，便具有很强的稳定性，即所谓"文化惰性"。尽管课程变革所创造的新的文化是对旧有课程文化的超越，但旧有课程文化绝不会因此立刻退出历史舞台，而是竭力维护自身的合法性，抵制、反对新的课程文化，课程文化冲突由此爆发。迈克·富兰提出"文化再造"（re-culturing）的概念，认为转变文化，即改变我们做事的方式，才是课程变革成功的关键。[1] 在课程开发过程中，师生学习方式、教学方式乃至生活方式的转变，是实现课程文化再造、教育文化再造的关键。

校本课程的开发将在实践中促进学校新型课程文化、学校文化的生成，从而反推社会文化的变迁。

---

[1] 张华，刘宇.试论课程变革的文化问题［J］.教育发展研究，2007（1A）：17-21.

图书在版编目（CIP）数据

课程的力量：学校课程规划、设计与实施 / 万伟著 . —上海：华东师范大学出版社，2016

ISBN 978-7-5675-5888-5

Ⅰ. ①课 ...　Ⅱ. ①万 ...　Ⅲ. ①课程—教学研究—中学　Ⅳ. ① G632.3

中国版本图书馆 CIP 数据核字（2016）第 283796 号

大夏书系·课程建设

课程的力量：学校课程规划、设计与实施

著　者　万　伟
策划编辑　任红瑚
审读编辑　卢风保
封面设计　百丰艺术

出版发行　华东师范大学出版社
社　　址　上海市中山北路 3663 号　邮编　200062
网　　址　www.ecnupress.com.cn
电　　话　021‐60821666　行政传真　021‐62572105
客服电话　021‐62865537
邮购电话　021‐62869887　地址　上海市中山北路 3663 号华东师范大学校内先锋路口
网　　店　http：//hdsdcbs.tmall.com/

印 刷 者　北京季蜂印刷有限公司
开　　本　700×1000　16 开
插　　页　1
印　　张　17
字　　数　250 千字
版　　次　2017 年 1 月第一版
印　　次　2025 年 2 月第二十三次
印　　数　73 001 - 74 000
书　　号　ISBN 978‐7‐5675‐5888‐5/G·9959
定　　价　42.00 元

出 版 人　王　焰

（如发现本版图书有印订质量问题，请寄回本社市场部调换或电话 021-62865537 联系）